毎日新しいおいしさが見つかる！

たれソース700

武蔵裕子

はじめに

毎日のごはん作り、味つけがマンネリになる…。
みんなが好きな定番の料理、おいしく作りたいのに味が決まらない…。
そんな悩みがあるなら、自家製の「たれ」を作ってみませんか？

たれ作りは、調味料や香辛料を混ぜるだけ。
料理初心者でも気軽に挑戦できます。
コツはただひとつ、きちんと計量すること。

本書では、７００種以上の定番料理のたれや、万能めんつゆ、
トマトソースなど、ぜひ覚えたい基本のたれを紹介しています。

また、日々の調理がラクになる、たれを入れて火にかけるだけの
鍋のベース、パスタソースなども収録しました。

ドレッシングやディップは、さまざまなバリエーションを取り上げています。
混ぜるだけのたれでも、混ぜるのも面倒…という方のために、
あらかじめ混ぜておかなくても、鍋やフライパンに
直接調味料を入れて混ぜる「直入れ」のたれや、
たれ以前の味つけのヒントも紹介しています。

自家製のたれで、おいしく楽しい毎日となりますように！

Contents

Part 2 毎日使える！ ドレッシングとディップ

Part 3 覚えておきたい 基本のたれ、つゆ、ソース

Part 4 野菜いっぱいおかずだれ

Part 5 混ぜるだけのお役立ちだれ

おなじみ食材を混ぜるだけ
即席お役立ちだれ

もっと活用！調味料

【＋1のクイックアレンジ】

Column

この本の見方&使い方

ひと目でわかる 調味料アイコン
調味料の量がぱっとわかるよう、アイコンで表示しています。

タイプ別・シーン別アイコン
あらかじめ混ぜておかなくても、鍋に直接入れられる「直入れだれ」など、たれの種類やたれの味が想像しやすいよう、和洋中といった料理ジャンル、「お酒に合う」など、おすすめシーンなどをアイコンで紹介しています。

豚肉のしょうが焼きのたれ

王道の豚肉のしょうが焼き。たれは混ぜ合わせず、直接入れると楽チンです

直入れだれ

《材料・2人分》

酒 … 大さじ1
みりん … 大さじ2
しょうゆ … 大さじ1と½
しょうが汁 … 大さじ½

豚ロース薄切り肉（しょうが焼き用）… 6枚（200～250g）
（小麦粉適量）
玉ねぎ（くし形切り）… ½個
ピーマン（乱切り）… 小2個
サラダ油 … 大さじ1
塩、こしょう … 各少々

《作り方》

1 豚肉は茶こしなどで小麦粉を薄くまぶす。玉ねぎは1枚ずつはがす。
2 フライパンにサラダ油の½量を中火で熱し、玉ねぎ、ピーマンを入れ、ややしんなりするまで炒める。軽く塩、こしょうをふって器に盛る。
3 フライパンに残りのサラダ油を入れ、豚肉が重ならないように並べ入れる。焼き色がつき、カリッとするまで両面を焼き、たれの材料を順に回し入れる。火力を強くして、フライパンをゆすりながら煮詰める。全体にたれがからみ、照りが出たら火を止め、器に盛る。

たれを入れたら、こげつかないように手早く煮詰める。加熱時間が長くなると、肉が硬くなるので注意

Column
「直入れ」で、時短＆おいしさアップ
しょうが焼きというと、以前は肉をたれに漬け込むレシピが主流でした。しかし、塩分によって肉の内部の水分が流れ出てしまうので、たれは肉の表面にからめるほうがジューシーに仕上がります。たれは先に混ぜておかなくてOK。酒やみりんなど、アルコールを含むものは、むしろフライパンに直接入れて、鍋肌に当ててしっかりアルコール分をとばすほうがおいしく、混ぜ合わせる手間や洗いものが減って時短に。

> 豆板醤小さじ¼をプラスして、ピリ辛味のしょうが焼きのたれに。
> 粗びき黒こしょう少々をかけて、こしょう風味のしょうが焼きのたれに。
> せん切りしょうがのしょうが焼きのたれにするなら、しょうが2かけ分を加えて。

23　22

たれのワンポイントアレンジ
調味料を1つかえたり、追加するだけでできるアレンジを紹介しています。

おいしくなるポイント
料理をおいしく仕上げるために押さえておきたいポイントを、理由とともに説明しています。

この本の決まり

- 小さじ1は5mℓ、大さじ1は15mℓ、1カップは200mℓです。
- 材料表に表記しているgは、特に記載がない限り、皮やヘタ、種などを取り除いた正味の重量です。
- 電子レンジの加熱時間は600W、オーブントースターの加熱時間は1000Wのものを基準にしています。
- みりんを電子レンジで加熱するときは、ラップをせずに加熱してアルコールをとばしてください。

たれ作りがもっと楽しくなる4つのヒント

たれ作りは手間がかかりそう、材料をそろえるのが大変など思っていませんか？　でも、身構えなくても大丈夫！　手に入りやすい材料で、楽しみながら作りましょう。

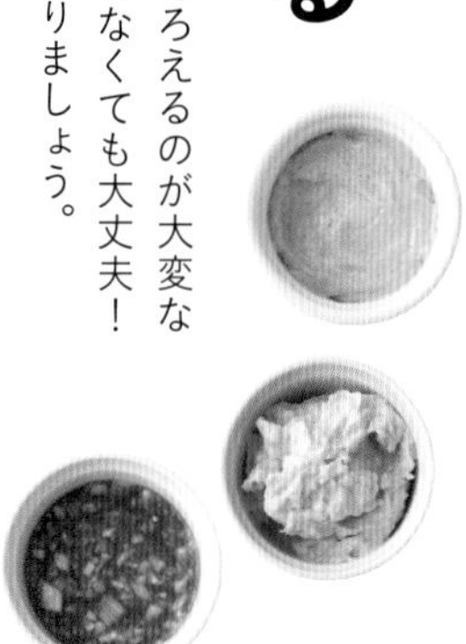

1 普段使いの調味料を活用する

まずは「さ（砂糖）」、「し（塩）」、「す（酢）」、「せ（しょうゆ）」、「そ（みそ）」の基本調味料を組み合わせてみましょう。これだけでも、いろいろなたれが作れます。さらに、ソース、マヨネーズ、トマトケチャップなど、冷蔵庫に常備している調味料を加えると、バリエーションはどんどん広がります。

2

身近な食材を組み合わせる

ボリュームを出したいときは、卵や缶詰などを組み合わせて。たとえばアボカドと温泉卵、マヨネーズを混ぜるだけで、おいしいソースになります。

3

野菜を加えて彩りよく

ドレッシングにすりおろした野菜をプラスしたり、刻んだ野菜をたっぷり入れたり。野菜を合わせると、彩りと風味が増し、ぐんとランクアップした味わいに。

4

ハーブや香辛料で変化をつける

ハーブや香辛料を加えると、さらに味に奥行きが出て本格的に。にんにく、しょうがといった香味野菜も欠かせない食材です。

この本で紹介しているたれのタイプ

この本では主に3つのタイプのたれを紹介しています。いずれも手間なく、思い立ったらすぐに作れるようにレシピを工夫しています。

1 直入れだれ

「たれの材料を合わせておく（合わせ調味料を作る）のが面倒！」という方におすすめなのが、直入れだれ。フライパンや鍋の中に直接調味料を入れていくタイプのたれです。火加減さえ注意すれば、最初に合わせておかなくても大丈夫。調理途中に混ぜている間に味がなじみます。

2 混ぜだれ

材料を混ぜてかけるだけ、加熱する必要のないたれです。日持ちのするたれは、多めに作ってストックしておいても。

3 直溶き水だれ

中華の炒めもののたれは、材料が多めなのであらかじめ混ぜておくほうが、あわてず、失敗がありません。とろみをつけるタイプのたれは、水溶き片栗粉を別に作らず、調味料に混ぜてしまえるようにレシピを工夫しました。ゆっくり水分をとばしていくので、たれが固まってだまになる心配がありません。

作ったたれを保存するとき
保存容器の消毒方法

せっかく作ったたれは、最後までおいしく食べきりたいもの。保存状態によって、日持ちが変わってきます。たれを長持ちさせる、容器の消毒方法などを覚えておきましょう。

アルコールスプレーで消毒し、きれいに乾かします

保存容器はきれいに洗い、乾かしたものを使いましょう。保存食を入れる場合は熱湯で煮沸消毒すると万全ですが、アルコールスプレーを吹きかけ、そのまま自然乾燥してもOK。完全に乾いてから入れましょう。

瓶は内部をきれいに洗ったあと、アルコールスプレーを吹きかけ、清潔なふきんやペーパータオルの上に口を下にして置き、乾かしましょう。内側をふきんで拭くと、逆効果なことがあります。

使う分だけを清潔なカトラリーで取り分けて

保存性を高めるためには、作ったあとの取り分け方にも注意。清潔な乾いたカトラリーで使う分だけを取り分けます。取り分けるときに雑菌が入りやすいので、気をつけましょう。冷蔵室からの出し入れで、温度が変化するのも要注意。

覚えておきたい 調味料の計り方

調味料は計り方によって分量に誤差が出てしまいます。
正しい計量のしかたを覚えて、おいしく作って！

計量は計量カップ&スプーンで

計量は、計量カップと計量スプーンを使いましょう。計量スプーンの大さじは水や液体調味料を満量まで入れたときに15㎖、小さじは5㎖が計れます。

粉末は「すり切り」液体は「真横」から

「1杯」は山盛りではなく、スプーンにぴったり入る量を指します。粉末はふんわりすくい、すり切り棒など、平らな棒状のもので余分な粉を落とします。すくうときにぎゅっと押さえつけたり、トントンと打ちつけないように。液体は目盛りと目線を水平に、真横から見て計って。

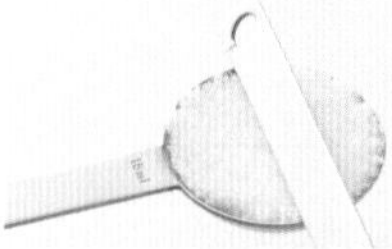

1杯

液体は表面張力で盛り上がらないように。

粉末は「すり切り」で。

1/2杯

スプーンの2/3の高さでおよそ1/2杯になります。

すり切り棒で横半分に筋を入れ、半分を取り除きます。

Part 1

直入れだれ・混ぜだれ・直溶き水だれ
３つのタイプ別

味が決まる！

定番料理のたれ

ここでは多くの方に喜ばれる定番料理のたれをご紹介します。
たれの種類は、直接鍋やフライパンに調味料を入れる
直入れだれを中心に３タイプ。
1回で使いきれる量なので、気楽にお試しを。
パスタソースや鍋のベースも紹介しています。

豚肉のしょうが焼きのたれ

王道の**豚肉のしょうが焼き**。たれは混ぜ合わせず、直接入れると楽チンです

直入れだれ

《材料・2人分》

酒 … 大さじ1

みりん … 大さじ2

しょうゆ … 大さじ1と½

しょうが汁 … 大さじ½

豚ロース薄切り肉（しょうが焼き用）… 6枚（200～250g）
（小麦粉適量）
玉ねぎ（くし形切り）… ½個
ピーマン（乱切り）… 小2個
サラダ油 … 大さじ1
塩、こしょう … 各少々

《作り方》

1 豚肉は茶こしなどで小麦粉を薄くまぶす。玉ねぎは1枚ずつはがす。

2 フライパンにサラダ油の½量を中火で熱し、玉ねぎ、ピーマンを入れ、ややしんなりするまで炒める。軽く塩、こしょうをふって器に盛る。

3 フライパンに残りのサラダ油を入れ、豚肉が重ならないように並べ入れる。焼き色がつき、カリッとするまで両面を焼き、たれの材料を順に回し入れる。火力を強くして、フライパンをゆすりながら煮詰める。全体にたれがからみ、照りが出たら火を止め、器に盛る。

たれを入れたら、こげつかないように手早く煮詰める。加熱時間が長くなると、肉が硬くなるので注意

Column

「直入れ」で、
時短＆おいしさアップ

しょうが焼きというと、以前は肉をたれに漬け込むレシピが主流でした。しかし、塩分によって肉の内部の水分が流れ出てしまうので、たれは肉の表面にからめるほうがジューシーに仕上がります。たれは先に混ぜておかなくてOK。酒やみりんなど、アルコールを含むものは、むしろフライパンに直接入れて、鍋肌に当ててしっかりアルコール分をとばすほうがおいしく、混ぜ合わせる手間や洗いものが減って時短に。

豚肉のしょうが焼きのたれのアレンジ

- 豆板醤小さじ¼をプラスして、ピリ辛味のしょうが焼きのたれに。
- 粗びき黒こしょう少々をかけて、こしょう風味のしょうが焼きのたれに。
- せん切りしょうがのしょうが焼きのたれにするなら、しょうが2かけ分を加えて。

ぶり照り焼きのたれ

たれがからんだ**ぶりの照り焼き**は絶品！
たれは大きな気泡が出てくるまで、
しっかり煮詰めて

直入れだれ

《材料・2人分》

砂糖 … 大さじ½ 

みりん … 大さじ1 

しょうゆ … 大さじ1と½ 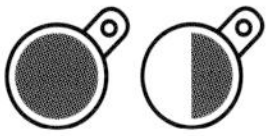

ぶり … 2切れ
（小麦粉適量）
玉ねぎ（縦に薄切り）… ½個
（塩少々）
貝割れ菜 … ⅓パック
サラダ油 … 大さじ½

《作り方》

1 玉ねぎは塩少々をまぶしてから水にさらし、ザルに上げて水けをよく絞る。貝割れ菜は根元を切り落とし、玉ねぎと混ぜる。ぶりに小麦粉を薄くまぶす。

2 フライパンにサラダ油を引き、冷たいままのぶりを入れて中火にかける。焼き色がついたら上下を返し、2分焼く。身が厚い場合はふたをする。ペーパータオルでフライパンの余分な脂を拭き取り、たれの材料を順に入れる。フライパンをゆすりながら煮詰め、照りが出て大きな気泡ができるようになったら火を止める。器に盛り、野菜を添える。

焼いたときの脂は生ぐさいので、拭き取ってからたれを入れるほうが、すっきりした味になります

Column

たれは「よし」と思ってから ひと呼吸おく

照り焼きの照りが出ないのは、調味料の量の問題ではなく、煮詰め方がたりないから。煮詰まって照りが出てからさらにひと息、小さかった気泡が大きくなるまで待ってから火を止めて。

ぶり照り焼きのたれのアレンジ

- カレー粉少々を入れて、カレー照り焼きのたれに。魚のくさみを抑える効果も。
- おろしにんにく少々をプラスしたガーリック照り焼きのたれは、鶏肉にも。
- 梅干しペースト小さじ1を入れて、梅照り焼きのたれに。

ハンバーグソース

ハンバーグには、
煮詰めずに混ぜてかけるだけの、
ごくシンプルなソースを。
カレー粉がかくし味！

混ぜだれ

《材料・2人分》

中濃ソース … 大さじ3 

トマトケチャップ … 大さじ2 

カレー粉 … 小さじ¼ 

合いびき肉 … 200g
玉ねぎ（みじん切り）… ¼個
A ┌パン粉 … 大さじ2
　│牛乳 … 大さじ1と½
　│溶き卵 … ½個
　└塩、こしょう … 各少々
サラダ油 … 大さじ1
ミックスリーフ … 適量

《作り方》

1 ボウルにAのパン粉を入れ、牛乳をふって柔らかくしておく。ひき肉を加え、Aの残りの材料を入れて粘りが出るまで混ぜる。玉ねぎを加えてよく練り、2等分して小判形に整える。

> 玉ねぎを加えるのは時間差で。ほかの材料とひき肉をよく混ぜてから加えるほうが、焼き縮みがなく、ふっくら

2 フライパンにサラダ油を引き、**1**を並べて中火にかける。2分焼き、上下を返してさらに2分焼く。色づいたら弱火にしてふたをして、さらに7～8分焼く。竹串を刺してみて、透明な汁が出てきたら焼き上がり。器に盛り、ソースの材料を混ぜてかけ、ミックスリーフを添える。

ハンバーグソースのアレンジ

- 大人向きには粒マスタードをたっぷり（大さじ1くらい）混ぜた、マスタードフレーバーソースに。
- コクが欲しいときは、粉チーズ小さじ1を加えたチーズフレーバーソースに。
- 風味づけ程度にしょうゆ少々をプラスして、ソイフレーバーソースに。

シャリアピン ステーキソース

玉ねぎの甘みと、しょうゆが香ばしいソースをかけた**ステーキ**です。味がなじむよう、ソースは少し煮詰めて

直入れだれ

《材料・2人分》

みりん … 大さじ3 

しょうゆ … 大さじ1と½ 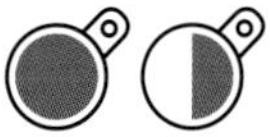

塩 … 少々 

粗びき黒こしょう … 少々 

玉ねぎ（みじん切り）… ½個

にんにく（みじん切り）… 1かけ

牛肉（ステーキ用）… 2枚
（塩、こしょう各少々）
サラダ油 … 適量
ベイクドポテト、パセリ … 各適量

《作り方》

1 牛肉は焼く30分前に室温にもどしておく。フライパンにサラダ油（適量、あれば牛脂）を中火で熱し、塩、こしょうをふった肉を入れる。好みの焼き加減に焼いて取り出し、器に盛る。

2 1と同じフライパンにサラダ油大さじ½、にんにく、玉ねぎを入れて中火で2～3分炒める。ソースの調味料を順に加え、少し煮詰めて取り出し、ステーキにかけ、パセリとベイクドポテトを添える。

熱いうちに切ると肉汁が流れ出てしまうので、肉が少しさめたころに切って。先に焼いて後からソースを作って

Column
ベイクドポテトの作り方
じゃがいもは皮をむき、一辺が1cm角の棒状に切り、水にさらす。耐熱皿に水をきってのせ、ふんわりとラップをして電子レンジで60秒加熱する。ステーキを焼いた後のフライパンにサラダ油大さじ1をたし、じゃがいもを入れてときどき返しながら全体が色づくまで焼く。

シャリアピンステーキソースのアレンジ

- パセリをつけ合わせにせず、刻んでソースに加えたパセリステーキソースに。
- ゆずこしょう小さじ½を加えた、ゆずこしょうステーキソースに。
- しょうゆを同量のオイスターソースにかえて、中華風ステーキソースに。

ケチャップライスのソース

ケチャップライスは、ケチャップにお酒とバターをたしします。これだけで全体にムラなくなじみ、鶏肉のクセも抑えた大人の味です

直入れだれ

《材料・2 人分》

酒 … 大さじ1

トマトケチャップ … 大さじ 4

バター … 大さじ 1（12g）

鶏むね肉（小さめの一口大）… ½ 枚（100 ～ 150g）
（塩、こしょう各少々）
玉ねぎ（粗みじん切り）… ½ 個
ピーマン（1cm 角に切る）… 小 3 個
サラダ油 … 大さじ 1
温かいご飯 … 茶碗に軽く 2 杯

《作り方》

1 鶏肉に塩、こしょうをふる。

2 フライパンにサラダ油を中火で熱し、鶏肉を入れて2～ 3分炒める。野菜を加えてややしんなりするまで炒めたら、ソースの酒とトマトケチャップを入れて炒める。全体にソースがなじんだら、ご飯を入れて強めの中火にして炒め合わせる。バターを入れ、さらに炒めて火を止める。

具材にソースをからめて炒めることで、ケチャップに香ばしさも出て味がしっかりまとまります

ケチャップライスのソースのアレンジ

- タバスコ少々を加えて、メキシコ風ケチャップライスソースに。
- 風味づけ程度にしょうゆ少々をプラスして、和風ケチャップライスソースに。
- カレー粉小さじ ¼ を入れて、カレーケチャップライスソースに。

ガーリックバターチキンのソース

パンチがきいた、人気の**ガリバタチキン**。
バターは香りを楽しむなら仕上げにのせ、
コク重視なら、煮詰めて

直入れだれ

《材料・2人分》

酒 … 大さじ1

みりん … 大さじ1

しょうゆ … 大さじ1

にんにく(すりおろし) … 小さじ1

バター … 大さじ1と½(18g)

鶏もも肉(十字に4等分に切る) … 大1枚(300～350g)
(塩、こしょう各適量)
ほうれん草(4～5cm長さに切る) … ½束
サラダ油 … 大さじ½

《作り方》

1 鶏肉は塩、こしょうをやや強めにふる。

2 フライパンにサラダ油の半量を入れ、ほうれん草を入れて中火で炒める。軽く塩、こしょうをして器に盛る。残りの油を入れ、**1**の鶏肉を皮目を下にして入れる。強めの中火で3分ほど焼いて上下を返し、さらに1～2分焼く。ふたをして弱めの中火で6～7分蒸し焼きにする。

3 バター以外のたれの材料を順に入れ、手早くからめながら焼く。バターを加えてからめ、器に盛る。

バターの香りを楽しむなら、器に盛ってからのせて

ガーリックバターチキンのソースのアレンジ

- にんにくをガーリックチップス大さじ½にかえて、ガーリックチップスソースに。
- 豆板醤小さじ½で辛味をプラスして、ピリ辛バターチキンソースに。
- 刻んだ青じそ適量を混ぜて、青じそバターチキンソースに。

えびチリソース

えびのチリソースは
たれに直接片栗粉を溶き入れる
「直溶き水だれ」に。失敗がなく、
とろみもまんべんなくつきます

直溶き水だれ

《材料・2人分》

トマトケチャップ … 大さじ2と½ 

酒 … 大さじ1 

砂糖 … 大さじ½ 

豆板醤 … 小さじ⅓ 

片栗粉 … 小さじ½ 

水 … ⅓カップ 

えび（殻つき）… 中8尾
（酒大さじ½、片栗粉小さじ1）
A ［にんにく、しょうが（各みじん切り）… 各大1かけ
　 ［長ねぎ（みじん切り）… ⅓本
サラダ油 … 大さじ1
ごま油 … 小さじ1と½

《作り方》

1 ボウルにたれを混ぜておく。えびは背わたを取り、尾の一節を残して殻をむいて酒、片栗粉をもみ込む。

とろみをつけるタイプの中華だれは、別に水溶き片栗粉を作らず、調味料と一緒に混ぜてOK

2 フライパンにサラダ油大さじ½を中火で熱し、えびを炒める。表面の色が変わったら取り出す。

3 同じフライパンにサラダ油大さじ½を中火で熱し、Aを炒める。香りが立ったらたれをもう一度混ぜて加え、煮立ったらさらに3～4分混ぜながら煮る。えびをもどし入れてひと混ぜし、ごま油をふる。

香りが出るまで炒めることで、香ばしさが生まれ、たれの風味がよくなる

えびチリソースのアレンジ

- 仕上げに黒酢小さじ1を入れて、黒酢風味のチリソースに。
- 刻んだシャンツァイをたっぷり散らして、シャンツァイチリソースに。

えびマヨソース

本格的にころもをつけて揚げ、
コンデンスミルク入りの
マヨネーズソースであえるのは大変。
ここはぐっと手軽に、
マヨネーズと砂糖を使い、
炒めもののスタイルの**えびマヨ**をどうぞ

直入れだれ

《材料・2人分》

酒 … 大さじ1

砂糖 … 小さじ1

マヨネーズ … 大さじ3

むきえび（中）… 200g
（酒大さじ½、片栗粉小さじ1）
サラダ油 … 大さじ½
レタス … 適量

《作り方》

1 えびは背わたがあれば取り除き、酒、片栗粉をしっかりもみ込む。レタスは食べやすい大きさにちぎる。

くさみを抑え、うまみが流れ出ないようコーティングします

2 フライパンにサラダ油を中火で熱し、1のえびを入れて2～3分炒める。えびが大きい場合は、ふたをして1分ほど蒸し焼きにする。酒、砂糖、マヨネーズを順に加えて混ぜ、調味料が全体になじんだら火を止める。器にレタスを敷き、えびを盛る。

えびマヨソースのアレンジ

- 砂糖をはちみつ小さじ2にかえ、ハニーえびマヨソースに。
- 仕上げに粗びき黒こしょう少々をふって、ペッパーえびマヨソースに。
- からいりしたごま大さじ1を加え、ごまえびマヨソースに。

炒め酢豚のたれ

揚げずに作れる！**炒め酢豚**。
肉は少なめの油で揚げ焼きに。
にんじんはレンジでチンで、スピードアップ！

直溶き水だれ

《材料・2人分》

トマトケチャップ … 大さじ1と½
酢 … 大さじ1と⅓
砂糖 … 大さじ1
しょうゆ … 大さじ1
片栗粉 … 小さじ1
水 … ½カップ

豚肩ロース角切り肉（シチュー用）… 200g
（酒、しょうゆ各大さじ½　片栗粉適量）
玉ねぎ（縦6等分）… ½個
にんじん（一口大の乱切り）… ⅓本（約40g）
しいたけ（4等分）… 2枚
サラダ油 … 大さじ3
ごま油 … 少々

《作り方》

1 ボウルにたれを混ぜておく。豚肉は酒、しょうゆをもみ込んでから、片栗粉をまぶす。にんじんはふんわりとラップをして電子レンジで2分30秒加熱する。

2 フライパンにサラダ油を中火で熱し、豚肉を3～4分揚げ焼きにして取り出す。フライパンの油をペーパータオルで拭き取り、玉ねぎ、しいたけを炒め、しんなりしたらたれをもう一度混ぜて加え、肉をもどし入れる。にんじんを入れとろみがつくまで煮て、ごま油をふって混ぜる。

揚げ焼きにするので油は少なめでOK。ときどき転がすように焼きつける面を変えながら加熱する

たれに透明感が出て、とろりとしてくる

炒め酢豚のたれのアレンジ

- 豆板醤小さじ½を入れて、ピリ辛酢豚のたれに。
- 酢を同量の黒酢にすると、より本格的な味の黒酢の酢豚のたれに。
- しょうゆを同量のオイスターソースにかえて、オイスター酢豚のたれに。

回鍋肉《ホイコーロー》のたれ

回鍋肉はスピード命の炒めものなので、たれを混ぜておくのがおすすめ。水分でみそをよく溶きのばして

直溶き水だれ

《材料・2人分》

しょうゆ … 大さじ1

酒 … 大さじ1

砂糖 … 大さじ1

みそ … 大さじ½

豆板醤 … 小さじ⅓～½

豚バラ薄切り肉（3cm幅）… 150g
キャベツ（ざく切り）… 大4枚
ピーマン（一口大の乱切り）… 2個
サラダ油 … 小さじ1

《作り方》

1 ボウルにたれを混ぜておく。

2 フライパンにサラダ油を中火で熱し、豚肉を炒める。肉の色が変わったらピーマン、キャベツを順に加えて炒め合わせる。キャベツがややしんなりしたら**1**を回し入れて、強火で大きく混ぜながら炒め、火を止める。

野菜から水分が出ないように、たれを加えてからは手早く

回鍋肉のたれのアレンジ

- しょうゆを同量の中濃ソースにかえて、ソース風味の回鍋肉のたれに。
- 辛味をコチュジャンにかえて、すりごま大さじ½も入れて韓国風回鍋肉のたれに。
- ガーリックチップス大さじ½を加えて、スタミナ回鍋肉のたれに。

青椒肉絲《チンジャオロースー》のたれ

オイスターソースが香る**青椒肉絲**。
たれはフライパンに直接調味料を入れる、
作りやすいシンプルな配合です

直入れだれ

《材料・2人分》

砂糖 … 小さじ1

しょうゆ … 大さじ½

オイスターソース … 大さじ½

酒 … 小さじ½

ごま油 … 小さじ1

牛もも肉（焼き肉用・細切りにする）… 200g
（酒、しょうゆ各大さじ1　片栗粉小さじ1）
ピーマン、赤ピーマン（細切り）… 各小2個
にんにく（粗みじん切り）… 小1かけ
サラダ油 … 大さじ1

《作り方》

1 牛肉は酒としょうゆをもみ込み、片栗粉をまぶす。

2 フライパンにサラダ油大さじ½を中火で熱し、牛肉を炒める。色が変わったら取り出す。サラダ油大さじ½をたしてにんにくを炒め、ピーマン、赤ピーマンを加えて炒め合わせる。しんなりしてきたら牛肉をもどし入れ、弱火にしてたれの材料を順に入れる。全体を混ぜて強火にし、大きく混ぜながら炒めて火を止める。

肉と野菜を別々に炒めることで、ジューシーに仕上がる

青椒肉絲のたれのアレンジ

- しょうゆを同量のみそにかえて、コクのあるみそ青椒肉絲のたれに。
- 一味唐辛子少々を加えて、ピリ辛青椒肉絲のたれに。
- ごま油をバター10gにかえると、中華風バターしょうゆたれに。

麻婆豆腐のたれ

麻婆豆腐の味つけは、
みそとしょうゆをダブル使い。
みそでコクが増し、
しょうゆで深みのある味に！

直溶き水だれ

《材料・2人分》

酒 … 大さじ2

みそ … 大さじ1と⅓

しょうゆ … 大さじ½

砂糖 … 小さじ1

片栗粉 … 小さじ½

豆板醤 … 小さじ½

鶏ガラスープの素（顆粒）… 小さじ½

湯 … ½カップ

豚ひき肉 … 150g
木綿豆腐（2cm角に切る）… 1丁（300g）
A［長ねぎ（みじん切り）… ½本
　 にんにく（みじん切り）… 1かけ
　 しょうが（みじん切り）… 1かけ
サラダ油 … 大さじ1

《作り方》

1 ボウルにたれを混ぜておく。

2 フライパンにサラダ油を中火で熱し、Aを炒める。香りが立ったらひき肉を加えて炒める。たれをもう一度混ぜて入れ、豆腐を加えて軽く混ぜながら2分ほど煮る。

豆腐は炒めずに温める程度に煮て、ふるふるに

麻婆豆腐のたれのアレンジ

- 辛味に粉ざんしょう（できれば中国さんしょう「花椒」）少々をプラスして、本格麻婆のたれに。
- 豆板醤をカレー粉小さじ1にかえて、カレー麻婆のたれに。
- 豆板醤をゆずこしょうにかえると、和風麻婆のたれに。

棒棒鶏《バンバンジー》のたれ

棒棒鶏は、
ねりごまを使った濃厚なたれでどうぞ。
ピーナッツバターで作ってもおいしい

混ぜだれ

《材料・2人分》

- 酢 … 大さじ1
- ごま油 … 大さじ1
- しょうゆ … 小さじ1
- 砂糖 … 小さじ1
- ラー油 … 小さじ⅓
- ねりごま（白）… 大さじ2と½

鶏むね肉 … 1枚（約200g）
（酒大さじ1、塩少々）
きゅうり（たたいて割る）… 1本

《作り方》

1 鶏肉はフォークでところどころを刺し、耐熱皿にのせる。酒と塩をふり、ふんわりとラップをかけて電子レンジで3分加熱する。取り出して上下を返して2分30秒加熱する。そのままさまして、食べやすくそぎ切りにする。ボウルにたれを混ぜておく。

熱いうちに切ると、肉汁が流れ出てしまうので、しばらくおいてから切る

2 器に鶏肉ときゅうりを盛り、**1**のたれをかける。

棒棒鶏のたれのアレンジ

- ねりごまがなければ、同量のピーナッツバターで、ピーナッツバター風味だれに。
- ラー油をねり辛子小さじ1にかえて、辛子風味だれに。
- 刻んだしょうが1かけ分を加えて、しょうが風味だれに。

冷やし中華のたれ

冷やし中華は、
すっきりとした酸味の自家製たれで。
鶏ガラスープの素でコクを出します

混ぜだれ

《材料・作りやすい分量》

しょうゆ … 1/3 カップ

酢 … 大さじ 2 と 1/2

砂糖 … 大さじ 1

ごま油 … 大さじ 1/2

鶏ガラスープの素（顆粒）… 小さじ 1

湯 … 1 と 1/3 カップ

中華麺 … 2 玉
きゅうり（せん切り）… 1 本
ハム（せん切り）… 4 枚
かに風味かまぼこ（細くさく）… 5 ～ 6 本

※たれは 3 ～ 4 人分、冷蔵室で 4 ～ 5 日間保存可能

《作り方》

1 ボウルに湯と鶏ガラスープの素を入れて混ぜ、さめたらたれの残りの材料を入れて混ぜる。

水だと溶け残ってしまうので、湯で溶いて

2 中華麺は袋の表示どおりにゆで、流水でもみ洗いをして水けをきる。器に盛り、具材をのせてたれをかける。

冷やし中華のたれのアレンジ

- 酢を同量のレモン汁にかえたレモン冷やし中華だれで、フルーティなすっきり味に。
- ごま油をマヨネーズにかえて、マヨ冷やし中華だれに。
- しょうゆをみそ大さじ3にかえて、みそ冷やし中華だれに。

冷やししゃぶしゃぶのたれ

冷やししゃぶしゃぶは暑い日でも食欲が増す、さっぱり味のたれで。好みに応じて辛味をたしてもおいしいですよ！

混ぜだれ

《材料・2人分》

酢 … 大さじ2

砂糖 … 大さじ½

しょうゆ … 大さじ1と½

みりん（電子レンジでラップをせずに20秒加熱する）… 大さじ1

すりごま（白）… 大さじ3

豚薄切り肉（しゃぶしゃぶ用）… 150g
（酒大さじ½）
きゅうり（斜め薄切り）… 1本
トマト（くし形切り）… ½個

《作り方》

1 ボウルにたれの材料を混ぜておく。

2 鍋に湯を適量沸かし、酒を入れる。豚肉を入れてゆで、ザルに上げて水けをしっかりきってさます。器に豚肉を盛って、たれをかけ、野菜を添える。

水けが残っていると、たれと合わせたときに味がぼんやりするので、しっかりと

冷やししゃぶしゃぶのたれのアレンジ

- しょうゆをオイスターソースにかえて、中華冷やししゃぶしゃぶのたれに。
- 酢を黒酢にかえた、黒酢冷やししゃぶしゃぶのたれなら、コクがアップ。
- 豆板醤小さじ¼で辛味をプラスして、ピリ辛冷やししゃぶしゃぶのたれに。

から揚げパーティをしよう

みんな大好きな、から揚げ。
フレーバーの違うものを作って食べ比べする、
から揚げパーティをしませんか？
野菜だれをかけても、また変化がついて楽しいですよ。

塩から揚げ
ラビゴットソースがけ

ソースの作り方は P.197

しょうゆから揚げのたれ

しょうゆ味の鶏のから揚げは、
万人に喜ばれるオーソドックスな味。
しっかり味をもみ込んでから、
ころもをつけましょう

直入れだれ

《材料・2 人分》

しょうゆ … 大さじ1

酒 … 大さじ1

しょうが汁 … 小さじ1

鶏もも肉 … 1 枚(約 300g)
(片栗粉、小麦粉各大さじ 1)
サラダ油 … 大さじ 4

《作り方》

1 鶏肉は余分な脂を取り除き、食べやすい大きさにそぎ切りにしてボウルに入れる。たれの材料を加え、もみ込んで約10分おく。

2 1の余分な汁を捨て、片栗粉をしっかりもみ込んでから小麦粉をもみ込む。

順番にもみ込むことで、ころもが密着します

3 フライパンにサラダ油を入れて中火にかけ、すぐに鶏肉を加える。ときどき返しながら4～5分揚げ焼きにし、表面がカリッとしたら取り出す。

油が冷たいうちに入れ、ゆっくり加熱すると、身が縮まず生焼けも防げます

しょうゆから揚げのたれのアレンジ

- にんにくのすりおろし少々をたして、にんにくしょうゆだれに。
- みりん大さじ1/2をたして、甘辛しょうゆだれに。
- タバスコ少々などをプラスして、チリしょうゆだれに。

塩から揚げのたれ

あっさりした**塩味のから揚げ**のたれ。まずはシンプルにレシピどおりに作り、しょうがをたしたり、アレンジを楽しんで

直入れだれ

《材料・2 人分》

酒 … 大さじ1 

鶏ガラスープの素（顆粒）… 小さじ1/2 

塩 … 小さじ1/3 

鶏もも肉 … 1枚（約 300g）
（片栗粉、小麦粉各大さじ 1）
サラダ油 … 大さじ 4

《作り方》

1 鶏肉は余分な脂を取り除き、食べやすい大きさにそぎ切りにしてボウルに入れる。たれの材料を加え、もみ込んで約10分おく。

2 1の余分な汁を捨て、片栗粉をしっかりもみ込んでから小麦粉をもみ込む。

順番にもみ込むことで、ころもが密着します

3 フライパンにサラダ油を入れて中火にかけ、すぐに鶏肉を加える。ときどき返しながら4～5分揚げ焼きにして、表面がカリッとしたら取り出す。

油が冷たいうちに入れ、ゆっくり加熱すると、身が縮まず生焼けも防げます

塩から揚げのたれのアレンジ

- 粗びき黒こしょう適量をきかせて、ペッパー塩だれに。
- 塩をゆずこしょうにかえて、ピリッと大人味のゆずこしょう塩だれに。
- しょうが汁適量を加えて、しょうが塩だれに。

焼き肉の漬け込みだれ

焼き肉の漬け込みだれは、
はちみつを入れてまろやかに。
りんごのすりおろしで
本格的な味！

混ぜだれ

《材料・作りやすい分量・肉200～250g分》

酒 … 大さじ1 

しょうゆ … 大さじ1 

はちみつ … 大さじ½ 

すりごま（白）… 大さじ½

りんご（すりおろし）… 大さじ1

にんにく（すりおろし）… 小1かけ分

好みの肉（焼き肉用）… 200～250g

《作り方》

ボウルにたれの材料を入れ、混ぜ合わせる。肉を加え、もみ込む。30分以上おいて焼く。

自然な甘みがつくだけでなく、酵素の作用で肉が柔らかくなります

焼き肉の漬け込みだれのアレンジ

- しょうゆを同量のみそにかえると、みそ焼き肉のたれに。
- 一味唐辛子少々を加えて、一味唐辛子だれに。
- オイスターソース小さじ1を加えて、オイスター風味だれに。

混ぜだれ

焼き肉のつけだれ

しょうゆベースと塩ベース、2つのタイプの**つけだれ**です。さっぱりした味

しょうゆつけだれ 《材料・作りやすい分量》

しょうゆ … 大さじ2

オイスターソース … 大さじ1

砂糖 … 小さじ2

一味唐辛子 … 小さじ1/3～1/2

ねぎ塩つけだれ 《材料・作りやすい分量》

ごま油 … 大さじ2

塩 … 小さじ2/3

粗びき黒こしょう … 小さじ1/3

レモン汁 … 大さじ2

にんにく（すりおろし） … 小さじ1/2

長ねぎ（みじん切り） … 1/2本

《作り方・共通》

ボウルにたれの材料を入れ、混ぜる。

ねぎ塩つけだれのアレンジ

- 塩をしょうゆ大さじ2/3にかえ、辛しょうゆつけだれに。
- 塩を塩こうじ小さじ1にかえ、塩こうじつけだれに。
- 長ねぎを万能ねぎ1/3束にかえ、青ねぎ塩つけだれに。

春巻きの味つけだれ

春巻きの具の味つけだれです。
まずは何もつけずにパクッ！
次に酢じょうゆなどをつけても

《材料・2人分》

オイスターソース … 大さじ1

酒 … 大さじ1

しょうゆ … 小さじ2

片栗粉 … 小さじ1と½

砂糖 … 小さじ1

春巻きの皮 … 5枚

A
- 豚こま切れ肉 … 150g
- もやし … ½袋
- にら（3cm長さ） … ⅓束

サラダ油 … 大さじ3

好みでからしじょうゆや酢 … 適量

※肉は豚ひき肉や牛こま切れ肉でも。
こま切れが大きいときは食べやすく切ってください。

《作り方》

1 ボウルにたれの材料を混ぜ、Aを加えてよく混ぜ合わせる。

2 春巻きの皮に**1**の⅕量を全体に平らに塗るように広げる。手前からひと巻きし、両端を折り込んで最後まで巻く。残りも同様にする。

薄くのばし、均一に広げることで加熱ムラが減ります

3 フライパンにサラダ油を入れて弱めの中火で熱し、**2**を巻き終わりを下にして入れる。3分ほど揚げ焼きにしたら、上下を返し、さらに3分ほど揚げる。器に盛り、好みでからしじょうゆや酢をつけて食べる。

春巻きの味つけだれのアレンジ

- おろしにんにく小さじ1を加えて、ガーリック味つけだれに。
- 豆板醤小さじ¼を加えて、ピリ辛味つけだれに。
- いりごま大さじ1を加えて、ごま味つけだれに。

混ぜだれ

チヂミのつけだれ

韓国風の薄焼きお好み焼き、**チヂミ**のつけだれ。コチュジャンで甘みのある辛さに。酢でキレを出して

《材料・2人分》

酢 … 大さじ1

砂糖 … 小さじ1

コチュジャン … 小さじ1/2

水 … 大さじ1

豚こま切れ肉 … 150g
豚バラ薄切り肉（3cm幅）… 150g
にら（3cm長さ）… 1/3束
長ねぎ（斜め薄切り）… 1/2本
A 卵 … 1個
水 … 1/2カップ
小麦粉 … 1/2カップ
片栗粉 … 大さじ3
ごま油 … 小さじ1
塩 … 少々
ごま油 … 大さじ1

《作り方》

1 ボウルに卵と水を入れてよく混ぜる。Aの残りの材料を加えてもったりするまで混ぜ合わせたら、具材をすべて入れ、混ぜ合わせる。

2 フライパンにごま油を入れて中火で熱し、**1**の生地を流し入れて薄く広げ、焼く。焼き色がついたら上下を返し、へらで押さえつけながら焼く。食べやすく切って器に盛り、たれを混ぜて添える。

しっかり押さえてこんがりと焼き色をつけて

チヂミのつけだれのアレンジ

- 酢をレモン汁にかえると、タイ風のレモンつけだれに。
- 万能ねぎの小口切り適量を入れて、ねぎつけだれに。
- 粗びき黒こしょう少々をプラスして、ペッパーつけだれに。

ナムルのたれ

混ぜだれ

韓国風の野菜のあえもの、**ナムル**。
どんな野菜とも合い、覚えておくと便利なたれです。
塩の量は味をみて加減して

《材料・作りやすい分量・ゆで野菜200g分》

ごま油 … 大さじ1と½ 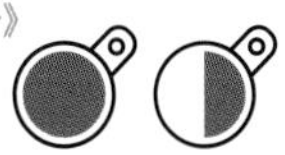

塩 … 小さじ⅓～½ 

すりごま（白） … 大さじ2 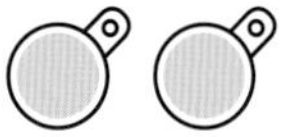

にんにく（すりおろし） … 小½かけ分

大豆もやし … ½袋（約100g）
にんじん（せん切り） … ⅓本
※野菜の水分量によって味のつき具合が変わるので、
塩の量を加減してください。

《作り方》

1 もやしはできればひげ根を取り、熱湯で1～2分ゆでてザルに上げ、水けをきってボウルに入れる。続いてにんじんをさっとゆで、ザルに上げて別のボウルに入れる。

口当たりがよくなり、クセのあるにおいも抑えられます

2 器にたれの材料を混ぜ合わせ、½量ずつボウルに入れてそれぞれあえる。

ナムルのたれのアレンジ

- 塩をしょうゆと砂糖各小さじ½にかえて、にんにく風味の和風ナムルだれに。
- 一味唐辛子少々を加えて、辛味だれに。
- ごま油を同量のアマニ油やしそ油にかえて、風味油だれに。

かれいの煮つけのたれ

ふっくら煮上がった
かれいの煮つけは絶品！
短時間で煮て、
たれがしみた表面の身と、
内側の身との味の差を楽しんで

直入れだれ

《材料・2人分》

みりん … 大さじ1 

砂糖 … 大さじ½ 

しょうゆ … 大さじ1と½ 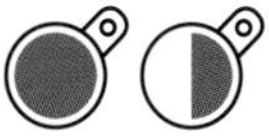

水 … 1と¼カップ 

かれいの切り身 … 2切れ
しいたけ … 4個
長ねぎ … ⅓本

《作り方》

1 かれいは皮目に包丁で斜めに切り込みを入れる。しいたけは軸を切る。ねぎは食べやすく切る。

2 鍋に水を入れて中火にかけ、調味料を順に入れる。煮立ったらかれいを皮目を上にして並べ入れる。しいたけとねぎを加え、アルミ箔またはペーパータオルをのせる。ときどき煮汁をかけながらやや弱めの中火で8分煮て火を止める。

最初にみりんを入れて、アルコール分をとばします

皮がはがれやすいので、魚は途中で上下を返さずに煮ます

かれいの煮つけのたれのアレンジ

- コチュジャンとおろしにんにく各小さじ½を入れて、韓国風煮つけだれに。
- おろししょうが1かけ分を入れて、しょうが風味煮つけだれに。
- ねりごま大さじ1を入れて、ごま風味煮つけだれに。

いわしの梅煮のたれ

梅干しがさっぱりした後味にしてくれる、
いわしの梅煮。
火かげんは白身魚よりは弱め、
全体に味を煮含めて

直入れだれ

《材料・2人分》

酒 … 大さじ2

砂糖 … 大さじ1

みりん … 大さじ1

しょうゆ … 大さじ2

水 … 1カップ

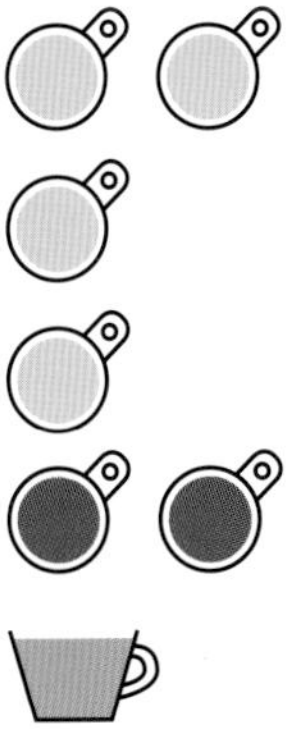

いわし… 中4尾
梅干し（甘くないもの）…（中～大）1個

《作り方》

1 いわしは頭を切り落とし、腹を幅1cmくらいに斜めに切り落として内臓を出し、流水でよく洗ってペーパータオルで水けを拭く。

くさみが残っていると汁全体がくさくなるので、よく洗います

2 鍋に水を入れて中火にかけ、調味料を順に入れる。梅干しを加え、煮立ったらいわしを並べ入れる。アルミ箔またはペーパータオルをのせる。ときどきふたをはずし、煮汁をかけながら弱めの中火で7～8分煮て火を止める。

いわしの梅煮のたれのアレンジ

- 粉ざんしょう少々をプラスして、粉ざんしょう風味だれに。
- 梅干しのかわりに酢大さじ1を入れて、酢入りたれに。
- 梅干しのかわりに梅酒の梅を一緒に煮て、梅酒風味だれに。

小あじの南蛮漬けのたれ

体をしゃっきり元気にしてくれる
小あじの南蛮漬け。
だし汁で酸味をまろやかにします

直入れだれ

《材料・2人分》

酢 … 1/4 カップ 

しょうゆ … 大さじ 1/2 

砂糖 … 大さじ 1/2 

だし汁 … 2/3 カップ 

赤唐辛子（小口切り）… 1本

小あじ … 6～7尾
（塩、こしょう各少々　片栗粉適量）
長ねぎ（縦半分に切って斜め薄切り）… 1/2 本
サラダ油 … 大さじ3

《作り方》

1 あじはエラ、ゼイゴ、腹ワタを取って流水でよく洗い、ペーパータオルで水けを拭く。

2 バットにたれの材料を入れて混ぜ合わせ、ねぎを加えて混ぜる。

3 **1**に塩、こしょうをし、片栗粉を薄くまぶす。フライパンにサラダ油を入れ、冷たいうちにあじを入れ、弱めの中火で4～5分、ときどき返しながら揚げ焼きにする。油をきって熱いうちに**2**に漬ける。

漬け汁がよくしみ込み、酢の作用であじの骨が柔らかくなります

小あじの南蛮漬けのたれのアレンジ

- 赤唐辛子のかわりに豆板醤小さじ 1/2 を入れて、豆板醤風味の南蛮だれに。
- カレー粉少々をプラスして、カレー風味の南蛮だれに。
- 酢を同量の黒酢にかえて、黒酢風味の南蛮だれに。

さばのみそ煮のたれ

さばのみそ煮は、
最初はしょうゆやみりん味で煮て、
仕上げにみそを溶き入れ、風味よく

混ぜだれ

《材料・2人分》

みそ … 大さじ1と½ 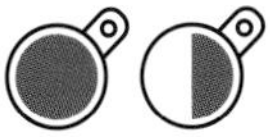

A 酒 … 大さじ3 

みりん … 大さじ2 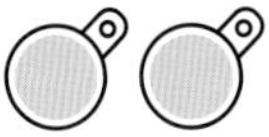

砂糖 … 大さじ1と⅓ 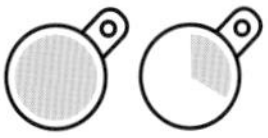

しょうゆ … 小さじ2 

水 … 1と½カップ 

しょうが（薄切り）… 2～3枚

さば（2枚おろし・半身）… 大1枚（170～180g）
貝割れ菜 … 適量

《作り方》

1 さばは半分に切って、皮目に浅い切り込みを入れる。

2 鍋にAを入れて混ぜ、中火にかける。煮立ったらさばの皮目を上にして入れる。アルミ箔またはペーパータオルをのせる。ときどきふたをはずし、煮汁をかけながら中火で7～8分煮る。煮汁が⅓量くらいになったらみそを加えて煮汁で溶きのばし、身にかけながら照りが出るまで3分ほど煮る。貝割れ菜を添える。

皮がはがれやすいので、魚は途中で上下を返さずに煮ます

さばのみそ煮のたれのアレンジ

- 一味唐辛子少々を入れて、ピリ辛みそ煮だれに。
- みそを白みそにかえて、ゆずの皮のせん切りをのせて、ゆずみそ煮だれに。
- すりごまをたっぷり（大さじ1くらい）ふって、ごまみそ煮だれに。

茶碗蒸しのたれ

卵1個で気軽に作れる分量。
フライパンに湯を張り、
直接器を並べて蒸す**地獄蒸し茶碗蒸し**

直入れだれ

《材料・2人分》

酒 … 小さじ1/2

塩 … 小さじ1/3

薄口しょうゆ … 小さじ1/2

だし汁 … 1カップ

卵（M～L玉）… 1個

鶏ささ身（薄いそぎ切り）… 1本
（酒少々）
かに風味かまぼこ（3つに切る）… 4本
しいたけ（薄切り）… 1個
ぎんなん（缶詰）… 6～8個
三つ葉 … 適量

《作り方》

1 ささ身は酒をふる。たれはボウルに卵を割り入れ、白身を切るようにほぐす。だし汁と他のたれの材料を加えてざっと混ぜ、万能こし器でこす。

2 それぞれの器にささ身を2切れ残してしいたけとともに入れ、1のたれを静かに注ぎ入れる。表面の泡はペーパータオルで吸わせて除く。フライパンに水を2～3cm深さまで注ぎ、火にかける。沸騰したら一度火を消して器を並べ入れる。ふたをして火にかけ、強火で1分、ごく弱火にして約10分蒸す。5分たったところで残しておいたささ身とかにかま、ぎんなんをのせる。再びふたをして5分ほど蒸す。取り出して三つ葉をのせる。

直接湯が当たる分、すが立ちやすいので火かげんに注意して

茶碗蒸しのたれのアレンジ

- だし汁を鶏ガラスープ（だし汁と同量）にかえると、中華風茶碗蒸しのたれに。
- だし汁を洋風スープ（だし汁と同量）にかえると、洋風茶碗蒸しのたれに。
- おろししょうが少々をのせて、しょうが風味の茶碗蒸しのたれに。

野菜炒めのたれ

野菜炒めは、鶏ガラスープの素などを合わせ、
お店のようなメリハリのある味に。
野菜のおいしさが引き立ちます！

直入れだれ

《材料・2人分》

酒 … 大さじ1

鶏ガラスープの素（顆粒）… 小さじ½

しょうゆ … 小さじ½

塩 … 小さじ⅔

こしょう … 少々

豚こま切れ肉 … 150g
キャベツ（ざく切り）… 大3枚
もやし（ひげ根を取る）… ½袋
玉ねぎ（縦に5mm幅に切る）… ½個
にんじん（短冊切り）… ¼本
サラダ油 … 大さじ½

《作り方》

1 フライパンにサラダ油を入れて中火にかける。豚肉を入れて色が変わるまで炒め、野菜を加えて炒め合わせる。

2 ふたをして1分ほど蒸し焼きにして、ふたを取ってたれの材料を順に入れる。強火にして大きく混ぜ、火を止める。

手早く入れていけば、事前に合わせておく必要はありませんが、あせりそうなら混ぜ合わせておいても

野菜炒めのたれのアレンジ

- 豆板醤小さじ¼をプラスして、ピリ辛炒めだれに。
- 粗びき黒こしょうをたっぷりきかせて、黒こしょう風味の炒めだれに。
- おろしにんにく小さじ1を入れて、パンチのあるにんにく風味の炒めだれに。

ほうれん草のおひたしのたれ

ほうれん草のおひたしは、だし汁を使い、上品な味に。ほかの野菜で作ってもおいしい

混ぜだれ

《材料・2～3人分》

しょうゆ … 小さじ2 

塩 … 少々 

だし汁 … ½カップ 

ほうれん草 … 1束（約200g）
（塩少々）

《作り方》

1 ほうれん草は根元の部分を特によく洗い、土を落とす。フライパンに入れ、水½カップ（分量外）と塩を入れてふたをし、強めの中火で2～3分蒸しゆでにする。水に放して、水けを絞り、3～4cm長さに切る。

たっぷり湯を沸かさなくてOK。少なめの水で蒸し煮にすることで、甘みが立ってきます

2 バットにたれの材料を入れて混ぜ、**1**のほうれん草をひたして15～20分おく。

ほうれん草のおひたしのたれのアレンジ

- ゆずの皮のせん切り適量を入れて、ゆず風味のおひたしのたれに。
- ちぎったのり適量を入れて、のり風味のおひたしのたれに。
- しょうがのせん切り½かけ分をプラスして、しょうが風味のおひたしのたれに。

切り干し大根のたれ

切り干し大根の煮ものは、甘辛しょうゆのなつかしい味。
砂糖とみりんを両方使い、バランスのいい甘さに

直入れだれ

《材料・2人分》

砂糖 … 大さじ1

みりん … 大さじ1と½

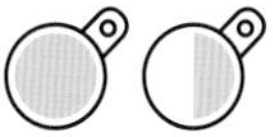

しょうゆ … 大さじ1と½

だし汁 … 1と½カップ

切り干し大根（乾燥）… 20g
にんじん（2～3cm長さの短冊切り）… ⅓本
厚揚げ … ½枚
サラダ油 … 大さじ½

《作り方》

1 切り干し大根はさっと洗ってからぬるま湯に20分ほどつけてもどし、よくもみ洗いをしてから水けをしっかりきり、食べやすい長さに切る。厚揚げは熱湯を回しかけて油抜きをしてから縦半分に切り、7～8mm厚さに切る。

切り干し大根は酸化（糖化）しやすく、クセが出やすいのでよく洗って

2 鍋にサラダ油を中火で熱し、切り干し大根を入れて炒める。にんじんと厚揚げを加え、たれの材料を順に入れる。アルミ箔を鍋の口径よりひと回り小さな円形（落としぶた）にしてのせる。ときどきふたを取って混ぜながら弱めの中火で10～12分煮る。

切り干し大根のたれのアレンジ

- みりんのかわりに同量のトマトケチャップを入れて、トマト風味の切り干しだれに。
- すりごま大さじ1を入れて、ごま風味の切り干しだれに。
- 仕上げに酢小さじ2をプラスして、あっさり風味の切り干しだれに。

ひじき煮のたれ

ひじき煮は、甘さ控えめ。
ひじきをさっと炒めてから
味つけすると、水っぽくなく、味がよく入ります

直入れだれ

《材料・2～3人分》

砂糖 … 大さじ1 

みりん … 大さじ½ 

しょうゆ … 大さじ1と½ 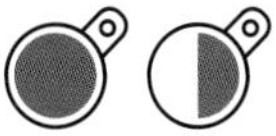

だし汁 … 1カップ 

ひじき … 15g
油揚げ … ½枚
にんじん（3cm長さの細切り）… ⅓本
サラダ油 … 大さじ½

《作り方》

1 ひじきは水洗いをしてたっぷりの水に20分ほどつけてもどし、ザルに上げて水をきる。長ければ食べやすく切る。油揚げはペーパータオルでしっかり押さえて油を吸わせ、縦半分に切ってから細切りにする。

お湯をかけて油抜きしなくてもOK

2 鍋にサラダ油を中火で熱し、ひじきを入れてさっと炒める。にんじんを加えて炒め合わせ、油揚げを入れ、たれの材料を順に入れる。アルミ箔を鍋の口径よりひと回り小さな円形（落としぶた）にしてのせる。ときどきふたを取って混ぜながら10分ほど煮る。

ひじき煮のたれのアレンジ

- 煮上がってさましてから、マヨネーズ大さじ2をプラスして、マヨネーズ風味のひじきだれに。
- 仕上げに削り節1パックを入れて、かつおたっぷりのひじきだれに。
- 夏にはせん切りしょうが½かけ分を入れて、しょうが風味のひじきだれに。

白あえごろも

材料を煮たり、豆腐を水きりしたり、ひと手間かかる**白あえ**。
でも、手間をかけたのも納得のおいしさ！

混ぜだれ

《材料・2～3人分》

砂糖 … 小さじ2

しょうゆ … 小さじ1

すりごま（白）… 大さじ2

木綿豆腐 … ½丁（約150g）

しいたけ（薄切り）… 小2個
にんじん（短冊切り）… ¼本
こんにゃく（あく抜きタイプ・2cm長さの短冊切り）… ¼枚（約60g）
A［砂糖 … 大さじ½
　 みりん、しょうゆ … 各大さじ1
　 だし汁 … ½カップ
きゅうり（小口切り）… ½本
（塩小さじ1）

《作り方》

1 豆腐はペーパータオルに包み、重い皿などをのせ、20～30分おき、水をきる。きゅうりはボウルに入れて水1カップを注ぎ、塩を加えて混ぜ、10分ほどひたして水けを絞る。

2 鍋にAを入れて中火にかけ、煮立ったらしいたけ、にんじん、こんにゃくを入れて汁が完全になくなるまで煮てさます。

3 ボウルに豆腐を小さくちぎって入れ、ゴムべらなどでしっかりつぶし、残りのころもの材料を入れて混ぜる。食べる直前にきゅうりと**2**を加えてあえる。

口当たりがよくなるよう、しっかりめにつぶして

白あえごろものアレンジ

- しょうゆを同量のみそにかえて、みそ白あえごろもに。
- ねり辛子少々をプラスして、辛子白あえごろもに。
- マヨネーズ大さじ1をプラスして、マヨ白あえごろもに。

ごまあえのころも

ごまあえは、材料の水けをしっかり取っておくことがおいしさの秘訣。食べる直前にあえて

混ぜだれ

《材料・2～3人分》

しょうゆ … 大さじ ⅔

砂糖 … 大さじ ½

みりん（電子レンジでラップをせずに 20 秒加熱する）… 大さじ 1

すりごま（白）… 大さじ 2

いんげん … 150g

《作り方》

1 いんげんはへたを切り、熱湯で2分ほどゆでて冷水に取り、さめたら水けをしっかり取って斜めに4～5つに切る。

2 ボウルにころもの材料を入れて混ぜ、食べる直前に1を入れてあえる。

> 野菜から水が出るので、食べる直前にあえます

ごまあえのころものアレンジ

- すりごまをねりごまにかえて、濃厚ごまあえごろもに。
- 梅干しのペースト小さじ1をプラスして、梅風味ごまあえごろもに。
- おろしにんにく小さじ1を入れると、ナムル風ごまあえごろもに。

煮びたしのたれ

小松菜と油揚げの**煮びたし**は、
たっぷり食べられるやさしい味つけ。
野菜はキャベツや青梗菜、水菜でも

直入れだれ

《材料・2人分》

みりん … 大さじ1 

しょうゆ … 大さじ½ 

塩 … 少々 

だし汁 … 1と½カップ 

小松菜 … ½束（150～200g）
油揚げ … 1枚

《作り方》

1 小松菜は根元の部分を特によく洗い、土を落として3cm長さに切る。油揚げはペーパータオルでしっかり押さえて油を吸わせ、縦半分に切ってからさらに1cm幅に切る。

お湯をかけて油抜きしなくてもOK

2 鍋に煮汁の材料を順に入れ、煮立たせる。1を入れて中火で3分ほど煮る。

煮びたしのたれのアレンジ

- しょうゆを控えめにし、塩昆布適量をプラスして、塩昆布入り煮びたしのたれに。
- のり適量をちぎり入れて、のり風味の煮びたしのたれに。
- いりごま大さじ1をふって、ごま風味の煮びたしのたれに。

浅漬けのたれ

浅漬けは市販品のように、液状のたれにすると、まんべんなく早く味がしみます

混ぜだれ

《材料・作りやすい分量》

水 … ⅔カップ

塩 … 小さじ1強(6g)

だし昆布(5cm角)… 1枚

赤唐辛子(小口切り)… 1本

きゅうり(7～8mm厚さの輪切り)… 2本
白菜(小さめのざく切り)… 大2枚

《作り方》

1 ボウルに浅漬けの素の材料を入れ、塩のざらつきがなくなるまで混ぜる。

混ぜなくても袋に入れてもむうちに溶けますが、最初に混ぜておけば万全

2 ポリ袋に野菜を入れ、1を入れて軽くもみ、袋の中の空気を抜いて口を縛ったら、ボウルなどに入れて冷蔵庫で30分～1時間おく。

空気を抜いて密閉することで、早く味がしみる。

浅漬けのたれのアレンジ

- ゆずやレモンの薄切り適量を入れて、かんきつ風味の浅漬けのたれに。
- ごま油少々を入れて、ごま油入り浅漬けのたれに。
- 赤唐辛子のかわりにわさび小さじ1を入れて、わさび風味の浅漬けのたれに。

バーニャカウダソース

にんにく風味のソースをつけて食べる、**野菜のバーニャカウダ**。生クリームが分離しないように弱めの中火で煮て

直入れだれ

《材料・2人分》

オリーブ油 … 大さじ4 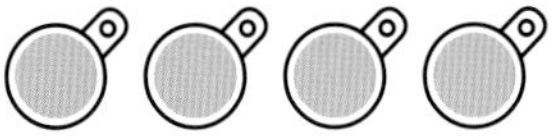

生クリーム … 1カップ 

塩 … 少々 

こしょう … 少々 

アンチョビー … 2切れ

にんにく（粗みじん切り）… 小1かけ

ブロッコリー（小房に分ける）… ½株
かぶ（4つ割りにする）… 大3個
にんじん（一辺が1cmの棒状に切る）… 中1本
オリーブ油 … 大さじ2

《作り方》

1 フライパンに水⅓カップ（分量外）と野菜を入れ、オリーブ油大さじ2を回しかける。ふたをして弱めの中火で3～4分蒸し煮にし、汁けをきって器に盛る。

2 フライパンを洗い、ソース用のオリーブ油とにんにく、アンチョビーを入れ、中火にかける。にんにくをこがさないようにカリッとするまで炒め、生クリームを加えて弱めの中火にし、5分ほど煮詰める。とろみがついたら塩、こしょうをふって火を止める。器に盛り、**1**の野菜に添える。

火の勢いが強いと、クリームが分離するので注意

バーニャカウダソースのアレンジ

- アンチョビーのかわりに同量のいかの塩辛を入れて、いか塩辛のバーニャカウダソースに。
- レモンの皮のすりおろし少々をふって、レモン風味のバーニャカウダソースに。
- 粉チーズ小さじ1を加え、チーズバーニャカウダソースに。

魚介のマリネ液

魚介のマリネは、ワインビネガーの
きりっとした酸味で。
なければ穀物酢で作ってもOK

混ぜだれ

《材料・4人分》

ワインビネガー
（または酢）… 大さじ5

オリーブ油 … 大さじ5

砂糖 … 大さじ1

塩 … 小さじ2/3

ゆでだこ（そぎ切り）… 200g
帆立（生食用）… 8個
玉ねぎ（薄切り）… 1/2個
（塩少々）
パセリ（みじん切り）… 適量

《作り方》

1 玉ねぎは塩をふって混ぜ、2～3分おいたら水にさらし、さらに2～3分したら水けをしっかり絞る。バットにマリネ液を入れて混ぜ、玉ねぎを加えて混ぜる。

玉ねぎの辛みを取るため。しんなりして魚介とのなじみもよくなります

2 帆立をさっと洗ってペーパータオルにのせて水けを拭く。たこの水けも同様に除き、**1**に入れて混ぜる。器に盛り、パセリをふる。

魚介のマリネ液のアレンジ

- ワインビネガーを同量のレモン汁にかえて、レモンマリネ液に。
- 刻んだバジルなどのフレッシュハーブ適量をプラスして、ハーブマリネ液に。
- 砂糖をはちみつにかえて、ハニーマリネ液に。

タルタルソース

混ぜだれ

自家製の**タルタルソース**は
リッチな味わい。
えびフライとの相性抜群！
牛乳でまろやかさを演出

《材料・2人分》

マヨネーズ … ½カップ 

牛乳 … 大さじ2 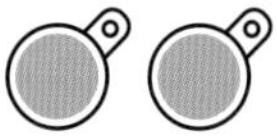

塩、こしょう … 各少々 

固ゆで卵（粗みじん切り）… 1個

玉ねぎ（みじん切り）… ¼個

パセリ（みじん切り）… 適量

えび … 中～大4尾
（塩、こしょう各少々）
A ┌ 卵 … ½個
　│ 小麦粉 … 大さじ1と½
　└ 水 … 大さじ½
パン粉、揚げ油 … 各適量
ミックスリーフ … 適量

《作り方》

1 えびは尾の一節を残して殻をむき、背ワタを取り除く。尾の先を斜めに切り、水をしごき出し、塩、こしょうをふる。ボウルにAを入れて混ぜ、えびをくぐらせ、パン粉をつける。

水が残っていると、揚げているときにはねやすくなります

2 揚げ油を中温（170～180℃）に熱し、**1**を入れて3分ほど揚げる。色よく揚がったら器に盛り、ミックスリーフを添える。

3 タルタルソースの材料を混ぜ合わせて添える。

タルタルソースのアレンジ

- 粒マスタード小さじ2をプラスして、粒マスタード入りタルタルソースに。
- パセリを青じそ適量にかえ、和風タルタルソースに。
- カレー粉少々をふって、カレー風味のタルタルソースに。

つけ麺の汁

混ぜだれ

つけ麺の汁は混ぜるだけの簡単スープが、粉がつおや香味野菜の風味で複雑な奥行きのある味に

《材料・2人分》

しょうゆ … 大さじ3 

酢 … 大さじ1 

鶏ガラスープの素（顆粒）… 小さじ1 

塩 … 小さじ⅓ 

粉がつお … 大さじ2

湯 … 1カップ 

長ねぎ（みじん切り）… ⅓本

しょうが（すりおろし）… 小1かけ分

にんにく（すりおろし）… 小さじ½

中華麺 … 2玉
長ねぎ（斜め薄切り）… ½本
切りのり … 適量

《作り方》

1 中華麺は袋の表示どおりにゆで、流水で洗って水けをよくきって器に盛る。

2 ボウルに汁の材料を入れてよく混ぜ、器に盛る。麺とねぎを皿に盛り、のりをのせる。

あつあつの汁にしたければ、鍋に入れて火にかけて

つけ麺の汁のアレンジ

- 赤唐辛子適量を入れて、赤唐辛子入りつけ麺の汁に。
- レシピ中のにんにくとしょうがをみじん切りにして、炒めたところに湯と他の材料を入れて香味つけ麺の汁に。
- 青のりをたっぷりふって、青のり風味のつけ麺の汁に。

ホイル焼きのたれ

《材料》

酒または白ワイン … 大さじ2
塩、こしょう … 各少々
バター … 20g

《使い方》

切り身魚（生）2切れに対して。ホイルに切り身魚ときのこや玉ねぎの薄切り（各適量）をのせ、塩、こしょう、酒をふり、バターをのせて包み、魚焼きグリルで12分ほど焼く（両面焼きは8～9分）。

スペアリブの漬けだれ

《材料》

マーマレード … 大さじ3
酒、しょうゆ … 各¼カップ

《使い方》

豚スペアリブ300～400gに対して。ポリ袋に入れてもみ込み、半日～1日おいて180℃のオーブンで15～20分焼く。

プルコギのたれ

《材料》

すりごま（白）… 小さじ1
にんにく（すりおろし）… ½かけ分
しょうゆ、オイスターソース、はちみつ … 各大さじ1
酒、ごま油 … 各大さじ½

《使い方》

牛切り落とし肉200gにもみ込み、サラダ油適量を中火で熱し、炒める。

かに玉などの中華甘酢あん

《材料》

酢 … 大さじ1
砂糖 … 大さじ½
トマトケチャップ … 大さじ1と½
しょうゆ … 小さじ2
片栗粉 … 小さじ1
水 … ½カップ

《使い方》

卵3～4個で作るかに玉に対して。すべての材料をよく混ぜてフライパンに入れ、中火にかけて混ぜながら火を通し、とろみがついたら火を止める。

ちゃんちゃん焼きのたれ

《材料》

みそ … 大さじ1と½
酒、みりん … 各大さじ1
バター … 20g

《使い方》

生鮭2切れ、キャベツ2枚に対して。切った具材をホイルにのせてみそ、酒、みりんを混ぜてかけ、バターをのせて包み、魚焼きグリルで12分ほど焼く（両面焼きは8～9分）。

黄身酢

《材料》

卵黄 … 1個
酢 … 大さじ1
砂糖 … 小さじ1
塩 … ひとつまみ

《使い方》

耐熱容器に酢以外の材料を入れて混ぜ、湯せんをしながら弱めの中火で5〜6分、黄身がとろりとするまで混ぜる。湯からはずし、酢を加えて混ぜてさます。全量でゆで野菜や魚介150g分。

梅肉あえ

《材料》

梅干し（大）… 1個
酒（電子レンジで20秒加熱する）
　… 小さじ2
しょうゆ … 小さじ1

《使い方》

梅干しは果肉をたたいてペースト状にして、酒、しょうゆを加えて混ぜる。全量でゆでた野菜150g分。

辛子あえ

《材料》

だし汁 … ½カップ
ねり辛子 … 小さじ2
うすくちしょうゆ … 小さじ1と½
みりん … 小さじ1
塩 … 小さじ½

《使い方》

ねり辛子以外の材料を混ぜ、辛子を少しずつ加えてよく混ぜる。全量でゆで野菜150g分。

酢みそ

《材料》

酢 … 大さじ1と½
白みそ … 大さじ1
砂糖 … 小さじ2〜2と½
ねり辛子 … 小さじ⅓

《使い方》

すべての材料をよく混ぜ合わせる。全量で具材100g分。

真砂あえ

《材料》

たらこ … ½はら（約40g）
酒（電子レンジで20秒加熱する）
　… 大さじ1
しょうゆ … 大さじ1

《使い方》

たらこは薄皮を除き、すべての材料を混ぜ合わせる。全量で小松菜などゆでた野菜150g分。

緑酢（すりおろしきゅうりのあえごろも）

《材料》

きゅうり … 1本
酢 … 大さじ2
みりん（電子レンジで20秒加熱する）
　… 大さじ1
砂糖 … 小さじ1弱
塩 … 適量

《使い方》

きゅうりは塩少々をふってこすり、さっと洗ってからすりおろす。すべての調味料を入れて混ぜ合わせる。全量でゆでたたこやいかなど具材100g分。

炊き込みご飯の味つけ

《材料・3合分》

酒 … 大さじ3
しょうゆ … 大さじ1と½
みりん … 小さじ1

《使い方》

米は洗って炊飯器の内釜に入れ、水（できればだし汁）を通常の水加減まで注ぐ。すべての調味料を入れ、具材をのせて炊く。酒は米1合に対し、酒大さじ1の割合。

ごまみそあえ

《材料》

すりごま（白）… 大さじ1
みそ … 大さじ1
みりん（電子レンジで20秒加熱する）
　… 大さじ1
砂糖 … 小さじ1
しょうゆ … 少々

《使い方》

すべての材料を混ぜ合わせる。全量でゆでた野菜150g分。

刺し身の漬け丼のたれ

《材料》

しょうゆ … 大さじ2
みりん（電子レンジで20秒加熱する）
　… 大さじ1
ごま油 … 小さじ½

《使い方》

すべての材料を混ぜ、刺し身を加えて15～30分漬けてご飯にのせる。全量で刺し身150g分。

あえもの用土佐じょうゆ

《材料》

しょうゆ … ½カップ
削り節 … 1パック（3g）
みりん … 大さじ1

《使い方》

削り節以外の材料を鍋に入れて中火にかけ、煮立ったら削り節を加え、弱火にして2～3分煮て火を止める。そのままさまし、ざるでこす。あえもの、冷ややっこ、刺身に。

簡単ピザソース

《材料》

トマトケチャップ … 大さじ2
オレガノ（乾燥）またはパセリ … 少々
こしょう … 少々
あれば玉ねぎのみじん切り … 大さじ1

《使い方》

すべての材料を混ぜる。全量でトースト2枚分。

ピラフの味つけ

《材料》

洋風スープの素（顆粒）… 小さじ1と½
塩 … 小さじ1
こしょう … 少々
バター、あれば白ワイン … 適量

《使い方》

玉ねぎ、鶏肉などの具材はバターで炒め、あれば白ワイン、塩、こしょうをふる。米は洗って炊飯器の内釜に入れ、水を通常の水加減まで注ぎ、洋風スープの素を入れて混ぜる。具材をのせ、炊飯する。米3合に対しての分量。

昆布だし漬けの素

《材料》

- 水 … 1と1/3カップ
- 昆布（10cm角）… 1枚
- しょうゆ … 大さじ1
- 塩 … 少々

《使い方》

昆布は2cm四方に切り、他の材料と混ぜる。野菜（きゅうり、キャベツ、プチトマトなど）200gを漬け、冷蔵室で3日ほど味をなじませる。

※きゅうりやキャベツは軽く塩をして水けを絞って加え、プチトマトは味がよくしみるようにところどころ竹串で穴をあける。

炊き込みご飯、おひたしなどのひたし地に活躍する水だし

《材料》

- 水 … 1ℓ
- 削り節 … 20～25g
- 昆布（7～8cm角）… 1枚
- 塩、砂糖 … ほんのひとつまみ

《使い方》

すべてを冷水ポットに入れ、冷蔵室で一晩おく。4～5日保存可能。

※たれ作りや冷たいだしが必要なときに重宝。加熱して作るより手軽で、昆布のくさみやぬめりが出る心配もなし！

ビール漬け

《材料》

- ビール … 3/4カップ
- 砂糖 … 150g
- 酢 … 大さじ2
- 塩 … 大さじ1
- ねり辛子 … 小さじ1

《使い方》

すべての材料を混ぜ、野菜を入れて冷蔵室で一晩味をなじませる。全量で野菜200gが目安。

ピクルス液

《材料》

- 白ワインビネガー（または穀物酢）、水 … 各2カップ
- 砂糖 … 大さじ4
- 塩 … 小さじ1と1/3

《使い方》

すべての材料を混ぜ、好みの野菜（パプリカ、セロリなど）を食べやすく切って漬ける。冷蔵室で4～5日味をなじませる。全量で野菜400g程度が目安。

ラーパーツァイ（中華風甘酢漬け）の漬け汁

《材料》

- 酢 … 大さじ2
- 砂糖、ごま油 … 各大さじ1と1/2
- 赤唐辛子（小口切り）… 1/2本分

《使い方》

酢と砂糖、唐辛子を混ぜ、軽く塩をしてもんだ野菜（白菜など）300gを加えて混ぜる。ごま油を中火で熱し、少し煙が出るまで熱したら回しかける。

ソースの材料とパスタを一緒に入れて煮るだけで

【After】
完成！

【Before】

約10分

ここでは乾麺のパスタと一緒に煮るだけの「煮パスタ」のソースと、麺をゆでている間に作っておいて、あえるだけの「あえるだけパスタ」のソースを紹介します。いずれも鍋やフライパンひとつで作れます。煮るだけパスタは麺とソースの材料を一緒に煮ることで、他にはない一体感のある味に。
1人分を作るときは、すべての材料を半量にしてください。パスタの太さと、水の量を守って作ってください。

ブロッコリークリームソース

煮るだけ
パスタ

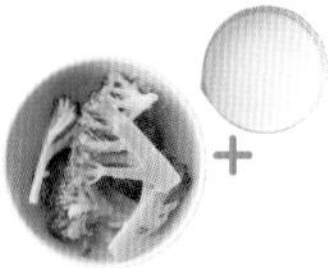

ブロッコリークリームパスタのソース。
とろりと煮たブロッコリーがおいしい

《材料・2人分》

〈パスタソース〉
生クリーム … 1カップ
A ブロッコリー
（小さめの小房に切る）… ½ 個
水 … 2カップ
洋風スープの素（顆粒）… 小さじ ½
塩、こしょう … 各少々
オリーブ油 … 大さじ1

スパゲティ（1.6mm、7分ゆで）… 160g

《作り方》

1 スパゲティは長さを半分に折る。フライパンにAとスパゲティを入れ、ふたをして強めの中火にかける。煮立ったらほぐすように混ぜ、再びふたをして弱めの中火にし、7分蒸しゆでにする。

2 ふたを取って強めの中火にし、30秒ほど水分をとばしながら炒め、生クリームを加える。30秒ほど煮て、塩、こしょうで味を調える。器に盛り、オリーブ油を回しかける。

ブロッコリークリームソースのアレンジ

- カレー粉少々を入れて、カレークリームソースに。
- アンチョビー1切れを加え、イタリアンクリームソースに。

ミニトマトとあさりのソース

煮るだけパスタ

ミニトマトとあさりのパスタは、
ごま油＆しょうゆ味の意外性が楽しい

《材料・2人分》

〈パスタソース〉
- あさり缶（水煮）… 120g
- すりごま（白）… 大さじ2
- A
  - ミニトマト（横半分に切る）… 12個
  - 水 … 1と$\frac{2}{3}$カップ
  - 酒 … 大さじ3
  - しょうゆ … 小さじ1
  - 塩 … 少々
- ごま油 … 大さじ1

スパゲティ（1.4mm、5分ゆで）… 160g

《作り方》

1. スパゲティは長さを半分に折る。フライパンにスパゲティとAの材料を加えてふたをする。強めの中火にして、煮立ったらほぐすように混ぜ、あさりの汁をきって加えてごま油をふり、再びふたをし、弱めの中火でときどき混ぜながら5分蒸しゆでにする。
2. ふたを取って強めの中火にし、30秒ほど水分をとばしながら炒め、火を止める。器に盛り、すりごまをふる。

ミニトマトとあさりのソースのアレンジ

- のり適量を混ぜ込んであさりの魚介ソースに。
- 油をオリーブ油にすれば洋風あさりソースに。

きのこ３種とガーリックのソース

煮るだけ
パスタ

きのことガーリックのパスタは、きのこ複数を組み合わせ、煮る時間が短くても深い味わいに

《材料・2人分》

〈パスタソース〉

しめじ（石づきを取って粗いみじん切り）
　… 1パック（約100g）

しいたけ（軸を切り、1cm角に切る）
　… 2個分

まいたけ（粗いみじん切り）
　… 1/2パック分（約50g）

赤唐辛子（小口切り）… 1本分

A
- にんにく（みじん切り）… 2かけ分
- オリーブ油 … 1/4カップ
- 水 … 1と2/3カップ
- 塩 … 小さじ1/3

スパゲティ（1.6mm、7分ゆで）…160ｇ

《作り方》

1 スパゲティは長さを半分に折る。フライパンにAのにんにくとオリーブ油を入れて弱火にかける。1～2分炒めたら水と塩を加え、スパゲティを加える。

2 ふたをして強めの中火にかけ、煮立ったらほぐすように混ぜる。きのこを加えて混ぜ、再びふたをして弱めの中火で7分蒸しゆでにする。

3 ふたを取り、赤唐辛子を加えて強めの中火で30秒ほど水分をとばしながら炒める。

先にしっかりにんにくの風味を出しておくと、シンプルな味つけでも味が決まります

きのこ３種とガーリックのソースのアレンジ

- 乾燥ハーブ適量をふって、ハーブきのこソースに。
- 子ども向けには唐辛子を抜いて、粉チーズ適量を入れたチーズソースに。

ひき肉のカレーソース

煮るだけパスタ

ひき肉のパスタソースは、豚ひき肉でコクを出して。
カレー風味が食欲をそそります

《材料・2人分》

〈パスタソース〉

A
- 豚ひき肉 … 200～250g
- 玉ねぎ（みじん切り）… ½個
- 赤ピーマン（パプリカでも・粗みじん切り）… 2個

水 … 2カップ

洋風スープの素（顆粒）… 小さじ½

B
- 酒または白ワイン … 大さじ2
- カレー粉 … 小さじ2
- 塩 … 小さじ½

サラダ油 … 大さじ½

スパゲティ（1.6mm、7分ゆで）… 160g

《作り方》

1 スパゲティは長さを半分に折る。フライパンにサラダ油を中火で熱し、Aを入れて充分に炒めたら、水と洋風スープの素、スパゲティを加える。ふたをして強めの中火にし、煮立ったらほぐすように混ぜる。

2 再びふたをして、弱めの中火で7分蒸しゆでにしたら、ふたを取り、Bを加えて強火にし、水分をとばしながら炒める。

しっかり炒めることで、ひき肉のくさみがなくなり、カレーの風味が引き立ちます

ひき肉のカレーソースのアレンジ

- ピーマン1個を緑ピーマンにして、ダブルピーマンソースに。
- 赤唐辛子1本を入れて、チリカレーソースに。

コンビーフキャベツソース

煮るだけ
パスタ

コンビーフとキャベツのパスタは、キャベツを細かく刻み、パスタとのからみをよくします

《材料・2 人分》

〈パスタソース〉

A ［キャベツ（粗みじん切り）… 大 4 枚
　 水 … 2 カップ

コンビーフ … 100g

B ［オリーブ油 … 大さじ 3
　 粒マスタード … 小さじ 2
　 塩、こしょう … 各少々

スパゲティ（1.6mm、7 分ゆで）… 160g

《作り方》

1 スパゲティは長さを半分に折る。フライパンにAとスパゲティを入れ、ふたをして強めの中火にかける。煮立ったらほぐすように混ぜ、再びふたをして弱めの中火で7分蒸しゆでにする。

2 ふたを取ってコンビーフをほぐしながら加え、強めの中火にして30秒ほどほぐしながら炒める。Bを加えて混ぜる。

コンビーフはしっとりした食感と風味が残るよう、最後に加えて

コンビーフキャベツソースのアレンジ

- 塩をしょうゆ小さじ1にかえて、コンビーフしょうゆソースに。
- 粒マスタードを同量のマヨネーズにかえて、コンビーフマヨソースに。

カレーマヨうどんソース

煮るだけうどん

マヨ好きにはたまらない、**カレー風味のうどん**です。
とろりとしたまろやかさと、スパイスのバランスが最高

《材料・2人分》

〈うどんソース〉

A マヨネーズ … 大さじ4
カレー粉、和風だしの素（顆粒）… 各小さじ1
塩、こしょう … 各少々

水 … 大さじ4

冷凍うどん … 2玉

〈具材〉
豚ロース薄切り肉（一口大に切る）… 120g
長ねぎ（斜め切り）… ½本

《作り方》

1 フライパンにうどんと豚肉、ねぎを入れ、水を注ぐ。ふたをして弱めの中火で4分蒸す。

2 ふたを取って強めの中火にし、汁けをとばすように炒め、Aを入れて手早く炒め合わせ、火を止める。

ソースを入れたら、マヨネーズが分離しないようすぐ火を止めて

カレーマヨうどんソースのアレンジ

- マヨネーズのかわりにバター10gを入れて、バターカレーソースに。
- 卵黄を落として、かま玉風カレーソースに。

お好み焼き味のうどんソース

煮るだけ
うどん

お好み焼きでおなじみの味を
うどんでもどうぞ。紅しょうがが味の決め手

《材料・2人分》

〈うどんソース〉

A
- 水 … 1/3カップ
- 中濃ソース … 大さじ2と1/2
- しょうゆ … 大さじ1と1/2
- 和風だしの素（顆粒）… 小さじ1
- 紅しょうが（みじん切り）… 大さじ2

冷凍うどん … 2玉

〈具材〉
キャベツ（ざく切り）… 大2枚
ちくわ（輪切り）… 3本
青のり … 少々

《作り方》

1 フライパンにうどんを入れ、キャベツとちくわをまわりに入れる。Aを混ぜて回しかけ、ふたをして弱めの中火で4分蒸す。

2 ふたを取って強めの中火にし、1～2分大きく混ぜながら手早く炒める。器に盛り、青のりをふる。

うどんを解凍しつつ、具材にも火を通してしまいます

お好み焼き味のうどんソースのアレンジ

- マヨネーズ適量をかければ、マヨお好みソースに。
- 中濃ソースを入れず、しょうゆ大さじ3のみにして、しょうゆしょうがソースに。

和風ジェノベーゼソース

あえるだけパスタ

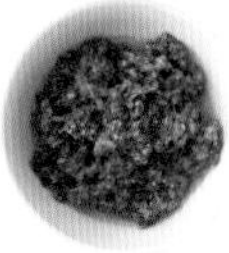

青じそを使った、**和風ジェノベーゼパスタ**のソース。
魚のソテーなどにも合います

《材料・2 人分》

〈パスタソース〉
オリーブ油 … 大さじ 3
粉チーズ … 大さじ 1
しょうゆ … 大さじ $1/2$
塩 … 小さじ $1/3$
青じそ … 30 枚
にんにく（すりおろし）… 小さじ $1/2$

スパゲティ（好みのもの）… 160g

《作り方》

1 青じそは大きくちぎり、ほかの材料とともにハンドミキサーなどでペースト状になるまで攪拌し、ボウルに入れる。

ミキサーがなければ、細かく刻んでもOK

2 スパゲティは袋の表示どおりにゆで、湯をきる。1のボウルに加えてあえる。

先に合わせておいたソースに、ゆで上がった麺を入れてあえるだけ。

和風ジェノベーゼソースのアレンジ

- すりごま大さじ1をプラスして、ごまジェノベーゼソースに。
- もみのり適量を混ぜ込んで、のりジェノベーゼソースに。

カリカリベーコンしょうゆソース

あえるだけ
パスタ

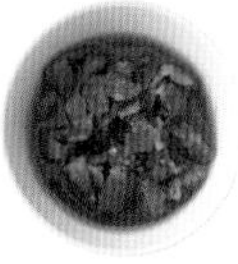

ベーコンしょうゆ味パスタのソースです。
カリカリベーコンとチーズが後を引くおいしさ

《材料・2人分》

〈パスタソース〉
ベーコン（細切り）… 3枚
オリーブ油 … 各大さじ1
A 酒 … 大さじ3
　しょうゆ … 大さじ1と½
　砂糖 … 大さじ⅔
粉チーズ … 各大さじ1

スパゲティ（好みのもの）… 160g

《作り方》

1 フライパンにオリーブ油を中火で熱し、ベーコンを入れて弱火にし、カリカリになるまで炒める。Aを加えて火を止め、粉チーズを混ぜる。

2 スパゲティは袋の表示どおりにゆで、湯をきり、1のフライパンに入れてあえる。

しみ出る脂も味のうち。弱火で脂が出てくるまで炒めて

カリカリベーコンしょうゆソースのアレンジ

- 卵の黄身をのせ、カルボナーラ風ベーコンソースに。
- 赤唐辛子を炒め合わせて、ピリ辛ベーコンソースに。

黒ごまのガーリックソース

あえるだけパスタ

ごまとガーリック風味のパスタ。
ごまの風味のよさが際立ちます

《材料・2人分》

〈パスタソース〉
すりごま（黒）… 大さじ5
にんにく（すりおろし）… 小さじ1
オリーブ油 … 大さじ2と½
しょうゆ … 小さじ1
塩 … 小さじ⅓

スパゲティ（好みのもの）… 160g

《作り方》

1 スパゲティは袋の表示どおりにゆで、湯をきる。

ソースが水っぽくならないよう、よくきって

2 ボウルにパスタソースの材料を入れてよく混ぜ、**1**のパスタを加えてあえる。あれば貝割れ菜を添える。

黒ごまのガーリックソースのアレンジ

- 青じそ適量をちぎって混ぜ、ごましそソースに。
- ごまを白ごまにかえて、白ごまガーリックソースに。

塩うにの生クリームソース

あえるだけパスタ

海の香りいっぱい、**うにの生クリームパスタ**。
生クリームでリッチな味わいに

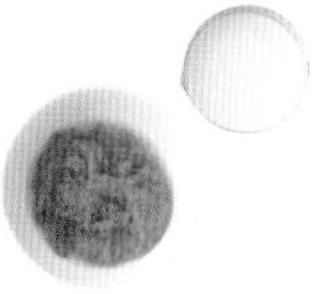

《材料・2人分》

〈パスタソース〉
塩うに（瓶詰め）… 50g
生クリーム … 1/3 カップ

スパゲティ（好みのもの）… 160g

《作り方》

1 スパゲティは袋の表示どおりにゆで、湯をきる。

2 ボウルにパスタソースの材料を入れて混ぜ、**1**のパスタを加えてあえる。

先に生クリームとうにを混ぜておくとなめらかに

塩うにの生クリームソースのアレンジ

- レモンの皮のすりおろし少々をふって、うにレモンソースに。
- 粉チーズ適量を入れ、濃厚うにソースに。

あえるだけパスタ

いかの塩辛と粉チーズのソース

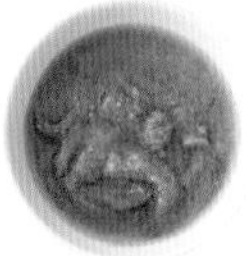

ストックしておける素材で作る、**いかの塩辛と粉チーズのパスタ。**
アンチョビーと同じ感覚で塩辛を使って

《材料・2人分》

〈パスタソース〉
いかの塩辛 … 50g
粉チーズ … 大さじ1/2
オリーブ油 … 大さじ2
砂糖 … 少々

スパゲティ（好みのもの）… 160g
刻みのり … 適量

《作り方》

1 スパゲッティは袋の表示どおりにゆで、湯をきる。

2 ボウルにパスタソースの材料を入れてよく混ぜ、1のパスタを加えてあえる。器に盛り、刻みのりをのせる。

いかの塩辛と粉チーズのソースのアレンジ

- 一味唐辛子を仕上げにひとふりして、ピリ辛塩辛ソースに。
- オリーブ油をごま油にかえて、中華風塩辛ソースに。

ヨーグルト明太ソース

あえるだけ パスタ

ヨーグルト風味の明太子のパスタ。
ヨーグルトがクリーミーでさっぱり軽やか

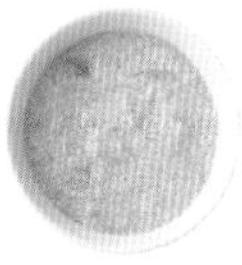

《材料・2人分》

〈パスタソース〉
辛子明太子 … 60 g
プレーンヨーグルト（無糖）… 大さじ3
麺つゆ（3倍濃縮）… 小さじ1

スパゲティ（好みのもの）… 160g
万能ねぎ（小口切り）… 適量

《作り方》

1 明太子は薄皮を除き、身をこそげる。スパゲティは袋の表示どおりにゆで、湯をきる。

2 ボウルに1の明太子と残りのパスタソースの材料を入れ、1のパスタを加えてあえる。器に盛り、万能ねぎを散らす。

ソースが水っぽくならないよう、よくきって

ヨーグルト明太ソースのアレンジ

- ヨーグルトの半量をマヨネーズにして、マヨ明太ソースに。
- 子ども向けには明太子をたらこにかえて、ヨーグルトたらこソースに。

生トマトの冷製パスタソース

あえるだけパスタ

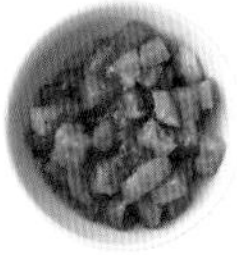

冷製パスタのソースは、生トマトをぜいたくに使い、
トマトから出るうまみのある汁を生かして

《材料・2人分》

〈パスタソース〉
トマト（1cm角に切る）… 中～大2個
オリーブ油 … 大さじ3
塩 … 小さじ$\frac{1}{2}$
こしょう … 少々
ハーブ（乾燥・好みのもの）… 小さじ1

スパゲティ（1.4mm以下のもの）… 160g

《作り方》

1 スパゲティは袋の表示どおりにゆで、氷水で一気に冷やし、よく水けをきる。

2 ボウルにパスタソースの材料を入れ、1のパスタを加えてあえる。

余裕があれば、少しおいてトマトのうまみのある汁が出てくるのを待つと、よりおいしく仕上がります

生トマトの冷製パスタソースのアレンジ

▶ レモン汁小さじ2をプラスして、レモントマトソースに。
▶ 乾燥ハーブを生のバジルやしそにかえて、生ハーブトマトソースに。

いわし缶のおろしぽん酢ソース

あえるだけ
うどん

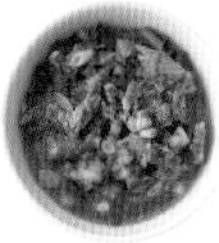

缶詰のいわしで手軽に作る、**ぽん酢風味のあえうどん**。
もちろんスパゲティで作っても

《材料・2 人分》

〈うどんソース〉
いわし缶（水煮）… 1 缶（100g）
ぽん酢しょうゆ … 大さじ 4
万能ねぎ（小口切り）… 適量

冷凍うどん … 2 玉
大根おろし（軽く水けをきる）
　… 1/2 カップ

《作り方》

1 いわしは汁けをきり、ボウルに入れる。ボウルにソースの残りの材料をすべて加え、混ぜ合わせる。

2 うどんは袋の表示どおりに温め、**1**に加えてあえる。大根おろしをのせる。

ゆでなくても電子レンジで解凍できるものが多いので、表示をチェック

いわし缶のおろしぽん酢ソースのアレンジ

- いわし缶をみそ味の缶詰にかえ、ぽん酢はなしにして、おろしみそソースに。
- 一味唐辛子少々をふって、辛口ぽん酢ソースに。

【Before】
鍋のベースを入れて煮るだけで

キムチ鍋のベース

キムチ鍋は、白菜キムチに調味料を組み合わせて味を作ります。
好みに応じてキムチの量を増やしても

《材料（2～3人分）》

〈鍋のベース〉
白菜キムチ … 120～150g
しょうゆ … 大さじ1と½
酒、みりん … 各大さじ1
鶏ガラスープの素（顆粒）、コチュジャン … 各小さじ1
にんにく（すりおろし）… 小さじ1
一味唐辛子 … 小さじ¼～⅓

〈具材〉
豚バラ薄切り肉 … 200～250g
にら … ½束
もやし … ½袋
豆腐 … 1丁（300g）

スープ … 3カップ（鶏ガラスープの素（顆粒）小さじ1と½を溶く）

【After】

完成！

《作り方》

1 キムチは食べやすい大きさに切り、そのほかの鍋のベースの材料を混ぜる。豚肉は食べやすく切る。にらは4cm長さに切る。もやしはできればひげ根を取る。豆腐は食べやすく切る。

2 鍋にスープを煮立て、**1**の鍋のベースを入れる。もやしを入れて、2分ほど煮たら豚肉をほぐしながら加える。にら、豆腐も加えて好みの加減に煮る。

キムチ鍋のベースのアレンジ

› ピザ用チーズ適量をプラスして、チーズキムチ鍋のベースに。

飛鳥鍋のベース

奈良の飛鳥地方で親しまれている**飛鳥鍋**。
牛乳とみその、コクのあるスープです

子どもも喜ぶ

《材料・2人分》

〈鍋のベース〉

A ［ みそ … 大さじ1
　　 酒 … 大さじ1
　　 鶏ガラスープの素（顆粒）… 小さじ1

水 … 2カップ

牛乳 … ½カップ

〈具材〉

鶏もも肉（8等分に切る）… 1枚（250～300g）

白菜（ざく切り）… 3枚

大根（6～7mm厚さの半月切り）… 5cm

《作り方》

鍋に水と鶏肉、大根、白菜の茎の部分を入れ、10分ほど煮る。アクを除き、Aと白菜の葉の部分を加えて1～2分煮る。牛乳を加え、好みの加減に煮る。

牛乳は最初から入れると風味がとんでしまうので、仕上げに加えて

飛鳥鍋のベースのアレンジ

▶ みそのかわりに同量のしょうゆを加え、しょうゆ味の飛鳥鍋のベースに。

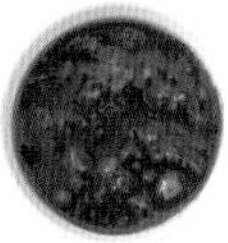

ジャージャー鍋のベース

辛さ少なめ

ジャージャー麺のあの味つけを鍋仕立てに。
中華の甘みそ、甜麺醤をベースにすれば、味が決まりやすくなります

《材料・2人分》

〈鍋のベース〉

A
- 長ねぎ（みじん切り）… 大さじ2
- しょうが（みじん切り）… 大さじ1
- 豆板醤 … 小さじ½
- 酒 … 大さじ1
- 鶏ガラスープの素（顆粒）… 小さじ1

甜麺醤 … 大さじ1と½
ごま油 … 大さじ1
水 … 2と½カップ

〈具材〉
豚ひき肉 … 200g ／青梗菜 … 1株
えのきだけ … 小1袋

《作り方》

1 青梗菜は葉と茎に分けて切り、茎を縦に6つに切り、葉はざく切りにする。えのきは根元を切り落とす。

2 鍋にごま油を中火で熱し、豚ひき肉を入れて弱めの中火で炒める。色が完全に変わったら水を加え、煮立ったら青梗菜の茎を入れてAを加える。煮立ったらアクを除き、甜麺醤を溶き入れ、青梗菜の葉とえのきを加えて3分ほど煮る。

甜麺醤がない場合は、赤みそ大さじ1と½、砂糖大さじ½で代用しても可

ジャージャー鍋のベースのアレンジ

▶すりごま大さじ2を加えて、ごまジャージャー鍋のベースに。

ベトナムフォー鍋のベース

エスニック味

レモンの酸味がきいた、**ベトナムフォーの鍋**。
さわやかでナンプラーのうまみで箸がすすみます

《材料・2人分》

〈鍋のベース〉

A
- レモンの薄切り（いちょう切り）…2～3枚分
- ナンプラー … 大さじ2
- 鶏ガラスープの素（顆粒）… 小さじ1
- 塩 … 小さじ1/3
- ごま油 … 少々

水 … 3カップ

〈具材〉

鶏むね肉1枚（約300g）／酒大さじ1／片栗粉小さじ1／レタス1/2個／しいたけ3～4個／春雨（乾燥、ショートタイプ）40g

《作り方》

1 鶏肉は食べやすい厚さのそぎ切りにして、酒、片栗粉をもみ込む。レタスは食べやすくちぎる。しいたけは軸を切って半分に切る。

2 鍋に水と鶏肉を入れて中火にかけ、煮立ったらAを入れ、春雨、しいたけを加える。具材に火が通ったらレタスを入れる。

レタスは煮すぎず、しゃっきりとした食感を残すほうがおすすめ

ベトナムフォーの鍋のベースのアレンジ

▶ タバスコ少々をプラスして、トムヤムクン風フォー鍋のベースに。

ボリューム
あり

スープカレー鍋のベース

ルーのカレーとはひと味違う、すっきりとした味の**スープカレー**。
野菜をたっぷり加えて鍋に

《材料・2人分》

〈鍋のベース〉

A
- カレー粉 … 大さじ1弱
- 酒 … 大さじ1
- 塩 … 小さじ1強
- 洋風スープの素（顆粒）、
- トマトケチャップ、ウスターソース … 各小さじ1
- しょうゆ … 少々

にんにく（粗みじん切り）… 小1かけ
サラダ油 … 大さじ½
水 … 2と½カップ

〈具材〉

鶏手羽元4本／じゃがいも中2個
なす1本／ピーマン1個／トマト中1個

スープカレー鍋のベースのアレンジ

▶ピザ用チーズ適量を加えて、チーズスープカレー鍋のベースに。

《作り方》

1 鶏肉は縦に2～3か所切り込みを入れる。じゃがいもは4等分に切る。なすは1.5cm幅の輪切りにする。ピーマンはへたと種を除き、一口大に切る。トマトは一口大に切る。

2 鍋にサラダ油を中火で熱し、にんにくを炒め、香りが立ったら鶏肉を入れて炒める。色が変わったら残りの野菜を入れて炒め合わせ、水を注いで煮立ったらアクを除き7～8分煮る。Aを加えてさらに5～6分煮る。

にんにくをしっかり炒め、香りを出すと味にパンチが出ます

石狩鍋のベース

みそとバターのコクがたまらない**石狩鍋**。
味がしみるよう、しばらく煮てからどうぞ

幅広い世代向き

《材料・2人分》

〈鍋のベース〉
みそ … 大さじ2と½
バター … 大さじ1〜1と½
だし汁 … 3カップ

〈具材〉
生鮭 … 2切れ
キャベツ … 大3枚
じゃがいも … 2個
とうもろこし … 1本

《作り方》

1 鮭は食べやすい大きさに切り、大きい骨は取り除く。キャベツはざく切りにする。じゃがいもは半分に切ってから3等分に切る。とうもろこしは3cm厚さに切る。

2 鍋にだし汁とじゃがいも、とうもろこしを入れて火にかけ、煮立ったら鮭を加えて弱火にする。キャベツを入れ、みそを溶き入れ10分ほど煮て、バターを落とす。

みそ汁とちがい、ある程度煮て、味をしみ込ませて。本場、北海道では仕上げに粉さんしょうをふる地域も

石狩鍋のベースのアレンジ

▶豆板醤小さじ1を入れて、ピリ辛味の石狩鍋のベースに。

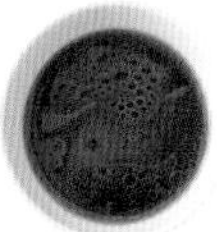

つゆしゃぶのベース

味つきの汁で肉に火を通す、**つゆしゃぶ**の素。
しょうがとラー油で本格的な味わいに

お酒もすすむ

《材料・2人分》

〈鍋のベース〉
しょうゆ … 大さじ2
酒 … 大さじ1と1/2
鶏ガラスープの素（顆粒）… 小さじ1
ラー油 … 小さじ1/2
しょうが汁 … 大さじ1/2
水 … 2と1/2〜3カップ

〈具材〉
豚しゃぶしゃぶ用肉（好みの部位）
…200〜250g
水菜 … 1袋

《作り方》

1 水菜はざく切りにする。
2 鍋に鍋のベースを入れて中火にかけ、煮立ったら豚肉と水菜を入れ、好みの具合に煮て食べる。

味にメリハリがあるので、どんな種類の肉でも合います。牛肉にしたり、鶏肉を薄切りにしても

つゆしゃぶのベースのアレンジ

▶粗みじんにしたにんにく1かけ分を炒めてから鍋のベースと水を入れ、スタミナつゆしゃぶのベースに。

豆乳甘酒鍋のベース

お酒もすすむ

甘酒をベースにした**豆乳甘酒鍋**。
甘酒が生み出すまろやかで深いコクに驚き

《材料・2人分》

〈鍋のベース〉
豆乳（成分無調整）、甘酒 … 各1カップ
しょうゆ … 大さじ1と ½
和風だしの素（顆粒）… 小さじ ½

〈具材〉
豚こま切れ肉 … 200～250g
豆苗 … ½ 袋
大根 … 5～6cm
にんじん … ½ 本

《作り方》

1 豆苗は長さを半分に切る。にんじんと大根はピーラーで薄く削る。

2 鍋に豚肉を入れ、鍋のベースを回し入れて中火にかける。肉の色が変わったら野菜を入れ、好みの具合に煮て食べる。

早く火が通るようにして、食感よく

豆乳甘酒鍋のベースのアレンジ

▶ゆずこしょう小さじ1をたして、ゆずこしょう甘酒鍋のベースに。

豆乳ごま鍋のベース

子どもも喜ぶ

豆乳ごま鍋の味つけは塩だけ。
ごまと豆乳の風味が引き立ちます

《材料・2人分》

〈鍋のベース〉
豆乳（成分無調整）… 1カップ
塩 … 小さじ ½
すりごま（白）… 大さじ 2
だし汁 … 1カップ

〈具材〉
白菜 … 大 3 枚
しめじ … 1パック
A ［鶏ももひき肉 … 300g
玉ねぎ（すりおろし）… 大さじ 2
酒 … 大さじ ½
塩 … 少々

《作り方》

1 ボウルにAを入れ、よく混ぜ合わせる。白菜は茎と葉を切り分け、茎は細切り、葉は食べやすく切る。しめじは根元を切り落とす。

2 鍋にだし汁を入れ、煮立ったら1のAを小さくスプーンなどで丸めて落とし入れ、色が変わったら白菜の茎を入れる。やわらかくなったらしめじと白菜の葉を加え、残りの鍋のベースを入れて好みの具合に煮て食べる。

白菜は火の通りにくい茎を葉と時間差で入れて

豆乳ごま鍋のベースのアレンジ

▶ねりごま大さじ2を加えて、ダブルごま鍋のベースに。

つけだれいろいろ

あっさりごまだれ

しゃぶしゃぶにおすすめ

《材料・2人分》と《作り方》

みりん大さじ1を耐熱容器に入れ、ラップをせずに電子レンジで30秒加熱する。ボウルに入れ、すりごま（白）大さじ3、しょうゆ大さじ1と$\frac{1}{2}$、酢大さじ1、砂糖大さじ$\frac{2}{3}$を加えて混ぜ合わせる。

しょうがの甘酢だれ

甘みとしょうがの辛さが絶妙のバランス。**しゃぶしゃぶ**に

《材料・2人分》と《作り方》

みりん大さじ2を耐熱容器に入れ、ラップをせずに電子レンジで30秒加熱する。ボウルに入れ、酢大さじ2、しょうゆ大さじ1、砂糖小さじ1、しょうが（すりおろし）小1かけ分を加えて混ぜ合わせる。

卵黄おかかじょうゆだれ

湯豆腐がちょっともものたりないな、
というときに

《材料・2人分》と《作り方》

ボウルに卵黄(新鮮なもの)2個、しょうゆ大さじ1、粉がつお大さじ$\frac{1}{2}$〜$\frac{2}{3}$を入れて混ぜ合わせる。

梅肉だれ

しゃぶしゃぶ、湯豆腐、
どちらにも合います

《材料・2人分》と《作り方》

梅干し中2個は種を除いて包丁で細かくたたく。みりん大さじ2を耐熱容器に入れ、ラップをせずに電子レンジで30秒加熱する。ボウルに梅干しとみりんを入れ、しょうゆ小さじ1を加えて混ぜ合わせる。

とろろ昆布だれ

湯豆腐や、**たらちり**に。
煮汁で割りながらどうぞ

《材料・2人分》と《作り方》

みりん大さじ2を耐熱容器に入れ、ラップをせずに電子レンジで30秒加熱する。ボウルに入れ、とろろ昆布3g、しょうゆ、りんご酢各大さじ1、ごま油小さじ2を加えて混ぜ合わせる。

材料を全部耐熱ボウルに入れて
レンジでチンするだけで完成！

【After】 【Before】

ハヤシライスソース

洋風

フレッシュトマトのさわやかさを生かした
ハヤシライスのソース。パスタにかけてもおいしい

《材料・2人分》

〈ソース〉

トマト … 中〜大 2 個

A
- トマトケチャップ … 大さじ 2と1/2
- 中濃ソース … 大さじ 1と1/2
- 酒 … 大さじ 1
- サラダ油 … 大さじ 1/2
- 洋風スープの素（顆粒）… 小さじ 1/2
- 塩、砂糖 … 各小さじ 1/3

〈具材〉

牛薄切り肉（一口大に切る）… 150 〜 160g ／玉ねぎ（5mm 厚さの薄切り）… 小 1/2 個／小麦粉 … 大さじ 1

《作り方》

1 トマトは一口大に切る。Aは合わせておく。

2 耐熱の容器かボウルに牛肉と玉ねぎを入れ、小麦粉をしっかりもみ込む。1のトマトを加え、Aを回し入れ、ふんわりとラップをして電子レンジで6分30秒加熱する。取り出してラップをはずし、よく混ぜる。

ぴっちりせず、ふんわりとかぶせることで、空気の対流ができ、まんべんなく加熱できます

ハヤシライスソースのアレンジ

- 甘いコクを出したいときは、チョコレートをひとかけ加えた、ドミハヤシソースに。
- 和風ハヤシソースは、中濃ソースを少なめにして、みそ適量をプラス。
- 少し変化をつけたいときは、カレー粉少々をふって、カレーハヤシソースに。

タンドリーチキンソース

インド風

タンドリーチキンは、ペーパーにのせて加熱すると、焼いたような仕上がりに

《材料・2人分》

〈ソース〉
プレーンヨーグルト（無糖）… 1/3 カップ
トマトケチャップ … 大さじ1
カレー粉 … 大さじ 1/2
塩 … 小さじ 1/2

〈具材〉
鶏もも肉 … 大1枚（約300g）

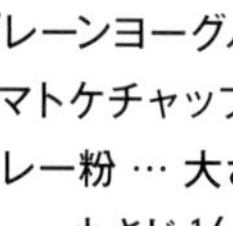

耐熱皿にペーパータオルを敷き、余分な水分を吸わせる。

《作り方》

1 鶏肉は6等分に切り、ポリ袋に入れる。ソースの材料を混ぜて加え、よくもみ込んで15～30分おく。

2 耐熱皿にペーパータオルを2枚重ねて敷き、1の肉を重ならないようにのせ、ラップをせずに電子レンジで6分加熱する。一度取り出して、袋に残っているソースを塗り、さらに4分半加熱する。

袋に入れることで、少ない調味料でもまんべんなく全体にからみます

タンドリーチキンソースのアレンジ

- 大人向けにスパイシーにしたければ、一味唐辛子少々をプラスした、スパイシータンドリーソースに。
- ねりごまやピーナッツバター大さじ1を加え、濃厚タンドリーソースに。
- 仕上げに刻んだハーブ適量をまぶして、ハーブタンドリーソースに。

チーズタッカルビソース

韓国風

タッカルビの味のベースは、キムチの汁を活用し、コチュジャンなしで作って

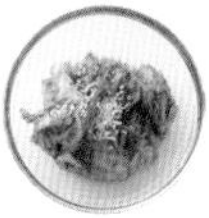

《材料・2人分》

〈ソース〉
白菜キムチ（ざく切り）… 100g
ピザ用チーズ … 60g
A［酒、ごま油 … 各大さじ1
　 しょうゆ … 大さじ½
　 鶏ガラスープの素（顆粒）… 小さじ½

〈具材〉
鶏もも肉（から揚げ用）… 300g
さつまいも（5 ~ 6mm 厚さの輪切り）
　… 1本
塩 … 少々

《作り方》

1 鶏肉は塩をふる。さつまいもは切ってすぐに水に2~ 3分さらして水けをきる。

2 耐熱ボウルに鶏肉とさつまいも、キムチを入れる。Aを混ぜて回しかけ、全体をよく混ぜ、ふんわりとラップをして電子レンジで7分加熱する。取り出してよく混ぜ、再びラップをしてさらに1分加熱する。もう一度取り出して全体をおおうようにチーズをのせ、再びラップをして40秒加熱する。

火が通りにくい素材は、一度取り出して混ぜ、加熱ムラを防ぎます

チーズタッカルビソースのアレンジ

- 豆板醤やコチュジャン適量で、辛味タッカルビソースに。
- トマトケチャップ大さじ1を入れると、マイルドタッカルビソースに。
- 粗びき黒こしょう少々で異なる風味の辛味をプラスして、スパイシータッカルビソースに。

レンジチャーハンソース

中華風

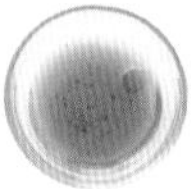

レンジチャーハンは、酒や塩を混ぜたソースで味つけ。
全体にむらなく味がしみておいしい

《材料・2人分》

〈ソース〉
酒 … 大さじ1と½
ごま油 … 大さじ½
鶏ガラスープの素（顆粒）… 小さじ½
塩 … 小さじ⅓

温かいご飯 … 300g

〈具材〉
ハム（1cm角に切る）… 3枚
しいたけ（1cm角に切る）… 大2個
長ねぎ（粗みじん切り）… ½本

《作り方》

1 耐熱ボウルにご飯を入れ、具材をしっかり混ぜたら、ソースの材料を順に回し入れて混ぜる。

2 ふんわりとラップをして、電子レンジで2分加熱し、取り出してよく混ぜる。

具材とソースを別々に混ぜることで、ムラなく味がつきます

レンジチャーハンソースのアレンジ

- カレー粉少々をふって、カレーチャーハンソースに。
- 塩をごま塩にかえて、ごま塩チャーハンソースに。
- 塩をしょうゆ小さじ1にかえて、和風チャーハンソースに。

Part 2

毎日使える！

ドレッシングとディップ

野菜の種類や、その日の気分に合わせて味つけをかえたいドレッシング。
さまざまなテイストをご紹介します。ノンオイルタイプも収録。
ディップはクラッカーや野菜に添えるだけで、気のきいた一品に。
自分好みの味を見つけて。

サラダパーティをしよう

ドレッシングを何種類か作れば、あとは野菜を並べるだけ。
オリジナルのドレッシングがあれば、華やかなサラダパーティも
すぐにできちゃいます。

フレンチドレッシング
トマトとベビーリーフで。

ハーブドレッシング
トマトとミックスビーンズで。

レモンドレッシング
トマトで。

フレンチドレッシング

まず覚えたい基本のドレッシング

定番の味

《材料・作りやすい分量》

- 酢 … 大さじ2
- 砂糖 … 小さじ⅓
- 塩 … 小さじ½
- こしょう … 少々
- サラダ油 … 大さじ4

《作り方》

ボウルに油以外の材料を入れてよく混ぜ合わせ、砂糖が溶けたら油を少しずつ加え、そのつどよく混ぜながら白っぽくなるまで混ぜ合わせる。

油を最初に入れると分離してしまい、混ざりにくくなるので、先にほかの調味料をよく混ぜて

フレンチドレッシングのアレンジ

- 酢を同量のりんご酢にかえると、フルーティ。
- こしょうを同量の粗びき黒こしょうにかえると、パンチのある素材と合わせやすくなります。

ハーブドレッシング

バジルの香りが立ってくる

アクセント

《材料・作りやすい分量》

- 酢 … 大さじ2
- 砂糖 … 少々
- 塩 … 少々
- 粗びき黒こしょう … 少々
- 乾燥バジル … 小さじ1
- オリーブ油 … 大さじ1

《作り方》

ボウルに油以外の材料を入れてよく混ぜ合わせ、砂糖が溶けたら油を少しずつ加え、そのつどよく混ぜながら白っぽくなるまで混ぜ合わせる。

ハーブドレッシングのアレンジ

- バジルをクミン適量にかえると、エスニック風に。
- フレッシュハーブ適量を刻んで入れても。

レモンドレッシング

オールマイティに使えるさっぱり系

さわやか

《材料・作りやすい分量》

- レモン汁 … ½個分
- 砂糖 … 小さじ½
- 塩 … 小さじ⅓
- 粗びき黒こしょう … 少々
- オリーブ油 … 大さじ1と½

《作り方》

ボウルに油以外の材料を入れてよく混ぜ合わせ、砂糖が溶けたら油を少しずつ加え、そのつどよく混ぜながら白っぽくなるまで混ぜ合わせる。

レモンドレッシングのアレンジ

- レモン汁を同量のゆずの搾り汁にかえて。
- レモンの皮のすりおろし少々をプラスしても。

ハニードレッシング
レタスとレモンで。

チーズドレッシング
レタスとクルトンで。

キャロットドレッシング
レタスで。

ハニードレッシング

やさしい甘みが子どもにも好評

コクうま

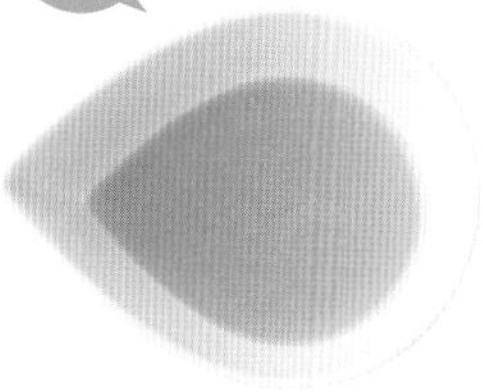

《材料・作りやすい分量》

- はちみつ … 大さじ1
- レモン汁 … 大さじ2
- 塩 … 少々
- オリーブ油 … 大さじ1と½

《作り方》

ボウルに油以外の材料を入れてよく混ぜ合わせる。油を少しずつ加え、そのつどよく混ぜながら白っぽくなるまで混ぜ合わせる。

ハニードレッシングのアレンジ

- レモン汁がなければ同量の酢にかえても。
- いりごまを適量プラスして香ばしく。

チーズドレッシング

野菜がもりもり食べられる！

コクうま

《材料・作りやすい分量》

- 酢 … 大さじ2
- 砂糖 … 小さじ⅓
- 塩 … 小さじ¼
- こしょう … 少々
- 粉チーズ … 大さじ1
- サラダ油 … 大さじ2

《作り方》

ボウルに油以外の材料を入れてよく混ぜ合わせ、砂糖が溶けたら油を少しずつ加え、そのつどよく混ぜながら白っぽくなるまで混ぜ合わせる。

油を最初に入れると分離してしまい、混ざりにくくなるので、先にほかの調味料をよく混ぜて

チーズドレッシングのアレンジ

- サラダ油の½量をマヨネーズ小さじ1にかえて。
- 乾燥バジル適量をプラス。

キャロットドレッシング

色も美しくて食卓が映える

アクセント

《材料・作りやすい分量》

- にんじん（すりおろし）… 大さじ2
- 砂糖 … 小さじ⅓
- 酢 … 大さじ2と½
- 塩 … 小さじ¼
- こしょう … 少々
- オリーブ油 … 大さじ3

《作り方》

ボウルに油以外の材料を入れてよく混ぜ合わせ、砂糖が溶けたら油を少しずつ加え、そのつどよく混ぜる。

キャロットドレッシングのアレンジ

- にんじんの½量をりんごのすりおろし大さじ1にかえると、やさしい味わい。
- チーズとも相性がいいので、粉チーズ適量をプラスしても。

和風ドレッシング

しょうゆの落ち着いた味

定番の味

《材料・作りやすい分量》

- 酢 … 大さじ2
- しょうゆ … 大さじ1
- 砂糖 … 小さじ1/3
- 塩 … 少々
- こしょう … 少々
- サラダ油 … 大さじ4

《作り方》

ボウルに油以外の材料を入れてよく混ぜ合わせ、砂糖が溶けたら油を少しずつ加え、そのつどよく混ぜ合わせる。

油を最初に入れると分離してしまい、混ざりにくくなるので、先にほかの調味料をよく混ぜて

塩もみ大根とちりめんじゃこで。

和風ドレッシングのアレンジ

- 辛味を加えるなら、わさび少々をプラス。
- 刻んだ青じそ適量を入れて。

わさびドレッシング

みりんでほんのり甘みをつけて

アクセント

《材料・作りやすい分量》

- ねりわさび … 小さじ1
- マヨネーズ … 大さじ3
- みりん（電子レンジでラップをせずに20秒加熱する） … 大さじ2
- しょうゆ … 少々

アルコール分をとばします

《作り方》

ボウルにすべての材料を入れてよく混ぜ合わせる。

大根の薄切りで。

わさびドレッシングのアレンジ

- 刻んだ玉ねぎやらっきょう適量を入れて。
- しょうゆをみそ少々にかえて。風味が強くなるので、わさびも少し増量。

ゆずこしょうドレッシング

ゆずこしょうの量はお好みで

アクセント

《材料・作りやすい分量》

ゆずこしょう
　… 小さじ½～1
酢 … 大さじ2
砂糖 … 少々
しょうゆ … 少々
サラダ油 … 大さじ1と½

砂糖は味つけというより、味のまとめ役。少量加えると、酸味がまろやかになり、ゆずこしょうの辛味が引き立ちます

《作り方》

ボウルに油以外の材料を入れてよく混ぜ合わせ、砂糖が溶けたら油を少しずつ加え、そのつどよく混ぜ合わせる。

ゆで大根と貝割れ菜で。

ゆずこしょうドレッシングのアレンジ

- 酢の½量をゆずにかえると、さらにさわやか。
- 油を同量のオリーブ油にすると、洋風サラダにもさらに合わせやすくなります。

梅肉ドレッシング

酸味が食欲をそそります

アクセント

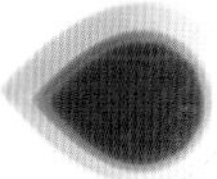

《材料・作りやすい分量》

梅干し（甘くないもの。
　種を除いてたたく）
　… 大さじ1
酢 … 大さじ2
しょうゆ … 大さじ½
砂糖 … 小さじ½
オリーブ油 … 大さじ2

《作り方》

ボウルに油以外の材料を入れてよく混ぜ合わせ、砂糖が溶けたら油を少しずつ加え、そのつどよく混ぜながら混ぜ合わせる。

せん切り大根で。

水分だけのドレッシングよりムラになりやすいので、ざらつきがなくなるまで混ぜて

梅肉ドレッシングのアレンジ

- ちぎったのりや、青のり適量をプラス。
- 砂糖をはちみつ小さじ1にかえると、「はちみつ梅」のようなまろやかさ。

りんごドレッシング

フルーティで後を引くおいしさ

さわやか

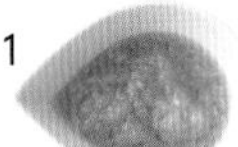

《材料・作りやすい分量》

りんご
（皮をむき、すりおろす）
… 1/2 個分
砂糖 … 小さじ 1/2 ～ 1
酢 … 大さじ 1
塩 … 少々
こしょう … 少々
オリーブ油 … 大さじ 1 と 1/2

《作り方》

ボウルに油以外の材料を入れてよく混ぜ合わせ、砂糖が溶けたら油を少しずつ加え、そのつどよく混ぜる。

ざく切りキャベツで。

りんごドレッシングのアレンジ

- 酢を同量のレモン汁にかえて。
- 風味づけ程度にしょうゆをたらすと、和風のサラダにより合わせやすい味に。

にんにくドレッシング

焼き野菜のサラダにもよく合います

コクうま

《材料・作りやすい分量》

にんにく（すりおろす）
… 小さじ 1/2
玉ねぎ（すりおろす）
… 大さじ 2
酢 … 大さじ 2
砂糖 … 小さじ 1/3
塩 … 小さじ 1/4
こしょう … 少々
オリーブ油 … 大さじ 1 と 1/2

《作り方》

ボウルに油以外の材料を入れてよく混ぜ合わせ、砂糖が溶けたら油を少しずつ加え、そのつどよく混ぜながら白っぽくなるまで混ぜ合わせる。

ゆでキャベツとオリーブで。

にんにくドレッシングのアレンジ

- ガーリックチップス適量をプラス。
- 唐辛子少々で辛味をたして、さらにパンチのある味に。

のりドレッシング

のりがとろけて野菜になじむ！

《材料・作りやすい分量》

- 焼きのり（全形）… 1/2 枚
- 酢 … 大さじ 2
- 砂糖 … ひとつまみ
- しょうゆ … 大さじ 2/3
- アマニ油 … 大さじ 1

《作り方》

のりは細かくちぎる。ボウルにのりと残りの材料を入れ、混ぜ合わせる。

細かくちぎるほうが、材料とからみやすくなります

ちぎりキャベツで。

のりドレッシングのアレンジ

- アマニ油は同量のサラダ油やオリーブ油にかえても。
- いりごま大さじ1を加えて。

マスタードドレッシングのアレンジ

- 酢を同量のりんご酢に変えるとフルーティ。
- ほんの少しカレー粉をプラスして、エキゾチックな味に。

マスタードドレッシング

粒マスタードのつぶつぶ感がメリハリに

《材料・作りやすい分量》

- 粒マスタード … 小さじ 1
- 酢 … 大さじ 1 と 1/2
- 砂糖 … 小さじ 1/3
- 塩 … 少々
- オリーブ油 … 大さじ 1

《作り方》

ボウルに油以外の材料を入れてよく混ぜ合わせ、砂糖が溶けたら油を少しずつ加え、そのつどよく混ぜながら白っぽくなるまで混ぜ合わせる。

せん切りキャベツで。

ゆずみそドレッシング
ゆでもやしとにんじんで。

ピリ辛ドレッシング
ゆでもやしときゅうりで。

ゆずみそドレッシング

ゆで野菜や海藻サラダに

コクうま

《材料・作りやすい分量》

ゆずの皮（すりおろす）… 1個分
みそ … 大さじ1
砂糖 … 大さじ½
酢　… 大さじ2
みりん（電子レンジでラップをせずに10秒加熱する）… 大さじ1
オリーブ油 … 大さじ1と½

《作り方》

ボウルにみそと砂糖を入れ、少しずつ酢を加えて混ぜ合わせる。砂糖のざらつきがなくなったらみりんと油、ゆずの皮を入れてよく混ぜ合わせる。

ゆずみそドレッシングのアレンジ

- 一味唐辛子小さじ⅓で辛味をプラス。
- みその½量をしょうゆにかえると、きりっとした味に。

ピリ辛ドレッシング

辛味はぜひ「かんずり」でつけて

アクセント

《材料・作りやすい分量》

酢 … 大さじ2
砂糖 … 小さじ⅓
塩 … 小さじ⅓
かんずり … 小さじ⅓
オリーブ油 … 大さじ2

《作り方》

ボウルに油以外の材料を入れてよく混ぜ合わせ、砂糖が溶けたら油を少しずつ加え、そのつどよく混ぜながら白っぽくなるまで混ぜ合わせる。

ピリ辛ドレッシングのアレンジ

- 酢を同量のゆずやかぼすの搾り汁にかえて。
- かんずりがなければ一味唐辛子にかえても。

健康効果の高いアマニ油でドレッシングを

近年、「アマニ油」「エゴマ油」などに含まれる「不飽和脂肪酸」が注目されています。中性脂肪を減少させたり、血管を強くする効果があるといわれます。効果を高めるためには、生食がおすすめ。この本でもP.149の、のりドレッシングに使用しています。お試しを。

オイスタードレッシング

ゆでいんげんとプチトマトで。

すりごまドレッシング

ゆでいんげんとカッテージチーズで。

ねりごまドレッシング

ゆでいんげんとうずら卵で。

オイスタードレッシング

うまみたっぷりの
オイスターソースで

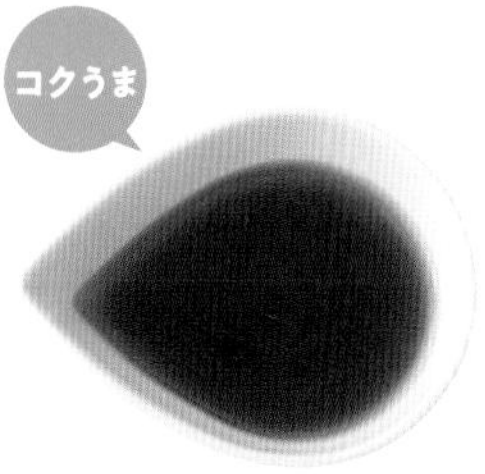

《材料・作りやすい分量》

オイスターソース … 小さじ2
酢 … 大さじ2と$\frac{1}{2}$
砂糖 … 小さじ$\frac{1}{3}$
塩 … 少々
ごま油 … 大さじ1と$\frac{1}{2}$

《作り方》

ボウルに油以外の材料を入れてよく混ぜ合わせ、砂糖が溶けたら油を少しずつ加え、そのつどよく混ぜ合わせる。

オイスタードレッシングのアレンジ

- シャンツァイやねぎ適量を入れて。
- 酢を同量の黒酢にかえると、より本格的な味に。

すりごまドレッシング

ごまのコクがたまらない！

《材料・作りやすい分量》

すりごま（白）… 大さじ$\frac{1}{2}$
酢 … 大さじ2
砂糖 … 小さじ$\frac{1}{3}$
しょうゆ … 大さじ1
ごま油 … 大さじ$\frac{2}{3}$

《作り方》

ボウルに油以外の材料を入れてよく混ぜ合わせ、砂糖が溶けたら油を少しずつ加え、そのつどよく混ぜ合わせる。

すりごまドレッシングのアレンジ

- 豆板醤小さじ$\frac{1}{3}$で辛味をプラス。
- ごま油を同量のオリーブ油にかえると、洋風に。

ねりごまドレッシング

ゆでた魚介とあえてもおいしい

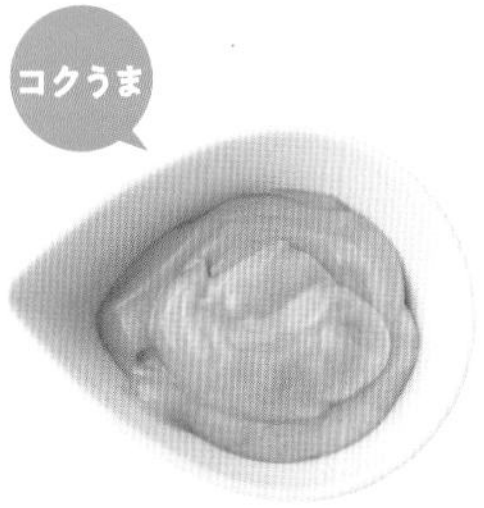

《材料・作りやすい分量》

ねりごま（白）… 大さじ2
酢 … 大さじ3
砂糖 … 大さじ$\frac{1}{2}$
しょうゆ … 小さじ1
ごま油 … 大さじ1

《作り方》

ボウルにねりごまを入れ、酢を少しずつ加え、そのつどよく混ぜ合わせる。なめらかになったら砂糖を加え、ざらつきがなくなったら残りの材料を入れてなめらかになるまで混ぜ合わせる。

ねりごまドレッシングのアレンジ

- ねり辛子小さじ$\frac{1}{2}$をたすと、ふろふき大根などゆで野菜との相性抜群。
- いりごま適量をたして、ダブルごま風味に。

ノンオイル塩こうじドレッシング
ゆできのことプチトマトで。

ノンオイルしょうがドレッシング
焼きしいたけとサラダ菜で。

ノンオイル青じそドレッシング
焼きまいたけで。

ノンオイル塩こうじドレッシング

塩こうじのうまみで食がすすみます

定番の味

《材料・作りやすい分量》

- 塩こうじ … 大さじ3
- レモン汁 … 1個分
- 砂糖 … 小さじ1

《作り方》

ボウルにすべての材料を入れて混ぜ合わせる。

ノンオイル塩こうじドレッシングのアレンジ

- 納豆1/4パックをプラスして、「食べるドレッシング」に。
- 刻んだ青じそ適量を加えて。

ノンオイルしょうがドレッシング

淡白な野菜のおいしさを引き立てます

さわやか

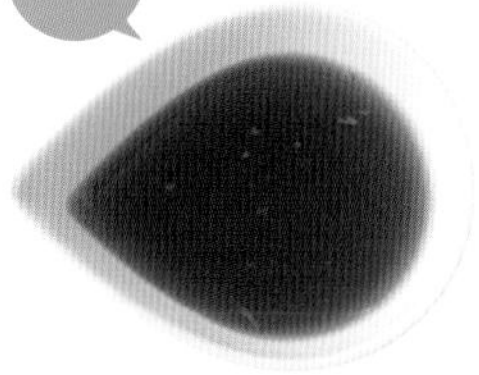

《材料・作りやすい分量》

- しょうが（すりおろし）… 1かけ
- だし汁 … 大さじ2
- 酢 … 大さじ3
- しょうゆ … 大さじ1
- 砂糖 … 小さじ1

だし汁：だしをとるのが大変なときは、顆粒だしを湯で溶いて使って

《作り方》

ボウルにすべての材料を入れて混ぜ合わせる。

ノンオイルしょうがドレッシングのアレンジ

- しょうが適量を粗みじんに切って入れてアクセントに。
- ゆずの皮のすりおろし少々をプラス。

ノンオイル青じそドレッシング

だし汁でまろやかさとうまみをプラス

さわやか

《材料・作りやすい分量》

- 青じそ（みじん切り）… 10枚分
- だし汁 … 大さじ2
- しょうゆ … 大さじ1
- 酢 … 小さじ1/2
- 塩 … 小さじ1/2

青じそ：酢と混ぜると色が黒ずむので、できるだけ食べる直前に作って

だし汁：だしをとるのが大変なときは、顆粒だしを湯で溶いて使って

《作り方》

ボウルにすべての材料を入れて混ぜ合わせる。

ノンオイル青じそドレッシングのアレンジ

- 酢を同量のゆずやレモンの搾り汁にかえて。
- ゆずこしょうや、わさび少々で辛味をプラス。

ゆでブロッコリーで。

ザーサイドレッシング

ゆでブロッコリーで。

豆板醤ドレッシング

ゆでブロッコリーと雑穀ミックスで。

黒酢ドレッシング

オリーブ油がベースなので、
洋風メニューにも

コクうま

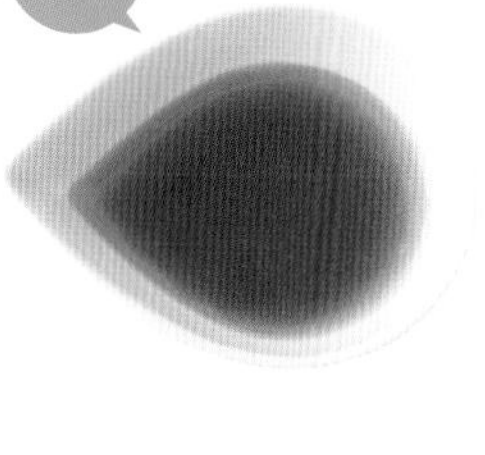

《材料・作りやすい分量》

- 黒酢 … 大さじ 4
- 砂糖 … 小さじ 1
- しょうゆ … 小さじ 1
- オリーブ油 … 大さじ 2

《作り方》

ボウルに油以外の材料を入れてよく混ぜ合わせ、砂糖が溶けたら油を少しずつ加え、そのつどよく混ぜ合わせる。

油を最初に入れると分離してしまい、混ざりにくくなるので、先にほかの調味料をよく混ぜて

黒酢ドレッシングのアレンジ

- シャンツァイやねぎ適量を入れて。
- 油を同量のごま油にかえて。

ザーサイドレッシング

こりこりした食感が◎

アクセント

《材料・作りやすい分量》

- ザーサイ（瓶詰め）… 20 g
- 酢 … 大さじ 1
- しょうゆ … 大さじ 1
- 砂糖 … 小さじ 1/2
- ごま油　大さじ 1/2

《作り方》

ザーサイはみじん切りにする。ボウルにすべての材料を入れて混ぜ合わせる。

ザーサイドレッシングのアレンジ

- 辛味に豆板醤小さじ 1/3 をプラス。
- 酢を同量の黒酢にかえると、より本格的。

豆板醤ドレッシング

辛さに負けない深いコクが
あります

アクセント

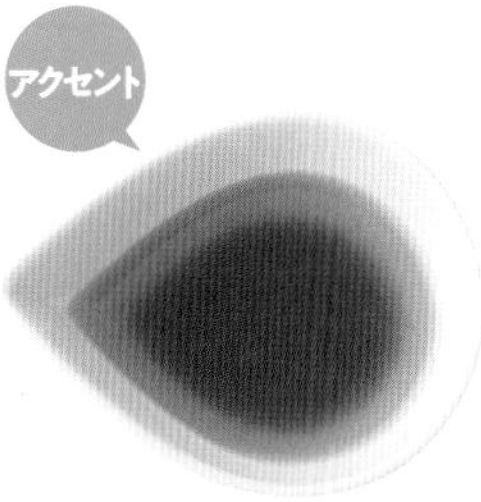

《材料・作りやすい分量》

- 豆板醤 … 小さじ 1/2
- 酢 … 大さじ 2
- しょうゆ … 大さじ 1/2
- 砂糖 … 小さじ 2/3
- サラダ油 … 大さじ 2
- ごま油 … 大さじ 1/2

《作り方》

ボウルに油以外の材料を入れてよく混ぜ合わせ、砂糖が溶けたら油を少しずつ加え、そのつどよく混ぜ合わせる。

豆板醤ドレッシングのアレンジ

- たっぷりいりごまを加えて。
- 酢を同量の黒酢にかえると、すっきりさわやかな風味に。

中華ドレッシング

冷ややっこにもよく合います

定番の味

《材料・作りやすい分量》

酢 … 大さじ2
しょうゆ … 大さじ1
砂糖 … 小さじ1/3
塩 … 少々
こしょう … 少々
サラダ油 … 大さじ3
ごま油 … 大さじ1

《作り方》

ボウルに油以外の材料を入れてよく混ぜ合わせ、砂糖が溶けたら油を少しずつ加え、そのつどよく混ぜ合わせる。

せん切りきゅうりとわかめで。

中華ドレッシングのアレンジ

- シャンツァイやねぎ適量を入れて。
- ガーリックチップス適量をプラス。

しょうがドレッシング

しょうがのピリッとした辛味がアクセント

さわやか

《材料・作りやすい分量》

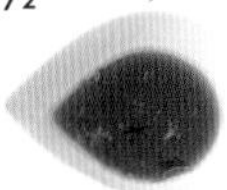

しょうが汁 … 大さじ1/2
酢 … 大さじ2
しょうゆ
　… 大さじ1/2
砂糖 … 小さじ1/3
サラダ油 … 大さじ1

《作り方》

ボウルに油以外の材料を入れてよく混ぜ合わせ、砂糖が溶けたら油を少しずつ加え、そのつどよく混ぜ合わせる。

乱切りきゅうりとアルファルファで。

しょうがドレッシングのアレンジ

- しょうが汁を刻みしょうが1/2かけにして。
- しょうゆを同量のみそにかえて。

アンチョビードレッシング

アンチョビーが野菜にからんでおいしい

コクうま

《材料・作りやすい分量》

アンチョビー（細かく切る）
… 2切れ分
酢 … 大さじ2
塩 … 小さじ1/3
砂糖 … 少々
こしょう … 少々
オリーブ油 … 大さじ1

《作り方》

ボウルに油以外の材料を入れてよく混ぜ合わせ、砂糖が溶けたら油を少しずつ加え、そのつどよく混ぜ合わせる。

ゆでじゃがいもとハムで。

アンチョビードレッシングのアレンジ

- アンチョビーがなければ、塩辛小さじ1を刻んで入れて。
- 松の実やベーコンチップ適量を加えて。

イタリアンドレッシング

バルサミコでリッチな味に

定番の味

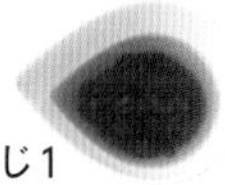

《材料・作りやすい分量》

オリーブの実
（黒・粗みじん切り）
… 10 g
バルサミコ酢 … 大さじ1
塩 … 小さじ1/2
オリーブ油 … 大さじ2

《作り方》

ボウルに油以外の材料を入れてよく混ぜ合わせ、油を少しずつ加え、そのつどよく混ぜ合わせる。

ゆでじゃがいもとベビーリーフで。

イタリアンドレッシングのアレンジ

- 粗びき黒こしょうでパンチのある味に。
- バルサミコ酢がなければ、りんご酢やワインビネガーにしても。

定番の味

アボカドクリームチーズ

安定のおいしさ。
アレンジも自在

《材料・作りやすい分量》

アボカド … 1個
クリームチーズ … 80g
レモン汁 … 小さじ1
オリーブ油 … 大さじ½

《作り方》

1 アボカドは皮と種を除き、ボウルに入れる。ペースト状になるまでフォークでつぶす。

2 1にクリームチーズを加えてゴムべらでよく混ぜ、レモン汁とオリーブ油を加えて混ぜ合わせる。

レモンは風味づけだけでなく、変色を防ぐ役割も。

アボカドクリームチーズのアレンジ

- 大人向けにはカレー粉小さじ¼ほどを強めにきかせて、カレーチーズに。
- すりごま小さじ1程度を加えると、香ばしさも出てすりごまチーズに。

お酒に合う

ピリ辛クリームチーズ

一味唐辛子のピリッとした
辛さが、お酒にもよく合います

《材料・作りやすい分量》

クリームチーズ（室温にもどす）
… 80～90g
玉ねぎ … ¼個
オリーブ油 … 大さじ½
一味唐辛子 … 小さじ½～1

《作り方》

1 玉ねぎはみじん切りにして塩少々（分量外）をふる。2～3分おいて水にさらし、しっかりと水けを絞る。

2 ボウルにクリームチーズを入れ、オリーブ油を加えてなめらかになるまで混ぜ、残りの材料をすべて加えて混ぜる。器に盛り、好みでさらに唐辛子をふる。

ピリ辛クリームチーズのアレンジ

- 岩塩やフレーク状の塩少々をのせて、ソルティチーズに。
- 唐辛子をチリパウダーにかえて、メキシカンな風味のチリチーズに。

ワカモレ

定番の味

熟したアボカドでどうぞ。ペーストにせず、刻んで野菜のおいしさを楽しんで

《材料・作りやすい分量》

アボカド … 1個
トマト … ½ 個
玉ねぎ … ¼ 個
レモン汁 … 大さじ1
塩 … 小さじ ¼
こしょう … 少々

《作り方》

1 アボカドは皮と種を除き、トマトとともに粗いみじん切りにする。玉ねぎはみじん切りにして塩少々（分量外）をふる。2～3分おいて水にさらし、しっかりと水けを絞る。

2 すべての材料をボウルに入れ、混ぜ合わせる。

ワカモレのアレンジ

- 辛味を加えるならタバスコ少々を加えて、タバスコ入りワカモレに。
- こしょうを粗びき黒こしょうにかえて、ペッパーワカモレに。

さばのピリ辛マヨディップ

さばのガーリックオリーブディップ

お酒に合う

さばのピリ辛マヨディップ

豆板醤で辛味をつけて中華風に。
サンドイッチの具にしてもおいしい

《材料・作りやすい分量》

- さば缶（水煮）… ½缶（約100g）
- いりごま（白）… 大さじ½
- マヨネーズ … 大さじ1と½
- 豆板醤 … 小さじ½

《作り方》

さばは汁けをきってボウルに入れ、ざっとほぐす。マヨネーズと豆板醤、ごまを加え、さばの身をほぐしながら混ぜる。器に盛り、好みでさらにごま適量をふる。

ほぐし加減はお好みで

さばのピリ辛マヨディップのアレンジ

- 辛味をわさびにして、のりを散らすとご飯の供にもなる、わさびマヨディップに。
- 刻んだ玉ねぎや三つ葉適量を入れて、香味マヨディップに。

定番の味

さばのガーリックオリーブディップ

さば缶をベースにした、食べごたえのあるディップ。にんにくで風味よく

《材料・作りやすい分量》

- さば缶（水煮）… ½缶（約100g）
- にんにく … 大1かけ
- オリーブの実（グリーン・種なし）… 3～4個
- オリーブ油 … 大さじ4
- 塩 … 小さじ⅓
- 粗びき黒こしょう … 少々

《作り方》

1. オリーブの実は粗いみじん切りにする。にんにくはみじん切りにする。フライパンにオリーブ油とにんにくを入れ、弱めの中火で1～2分炒める。オリーブの実を加えてさっと炒める。
2. さばは汁けをきってボウルに入れ、ざっとほぐして、炒めた具を油ごと加え、さばの身を細かくほぐしながら混ぜる。塩、こしょうで味を調える。

こげないように注意して

さばのガーリックオリーブディップのアレンジ

- にんにくを薄切りにしてじっくり炒め、クリスピーガーリックディップに。
- ケッパーの実大さじ¼程度を加えて、ケッパーガーリックディップに。

さばみそケチャップディップ

新しい味

みそ味のさば缶で。トマト味と意外なほどよく合います

《材料・作りやすい分量》

さば缶（みそ煮）
　… $1/2$ 缶（約100g）
長ねぎ … 10cm
ごま油 … 大さじ $1/2$
トマトケチャップ … 小さじ2
みそ … 小さじ1

《作り方》

1 さばは軽く汁けをきってボウルに入れ、細かくほぐす。ねぎはみじん切りにする。

汁けが多すぎると、味がまとまりにくくなります

2 すべての材料をボウルに加え、混ぜる。

さばみそケチャップディップのアレンジ

- 粉チーズ適量をふると、ちょっとジャンクなおいしさの、さばみそチーズに。
- シャンツァイやしそ適量を刻んで加えて、さばみそシャンツァイに。

明太子と豆腐のディップ

お酒に合う

明太子と豆腐、相性のいい組み合わせにごま油でコクをプラス

《材料・作りやすい分量》

- 辛子明太子 … 30g
- 木綿豆腐 … $\frac{1}{3}$丁（約100g）
- ごま油 … 小さじ2
- 塩 … 少々

《作り方》

1 明太子は薄皮を除き、身をこそげる。豆腐はペーパータオルに包んでザルにのせ、5～10分おいて水けをきってボウルに入れる。

重しはしなくてOK。適度に水分が残っているほうが、なめらかな口当たりに

2 **1**の豆腐をゴムべらでしっかりつぶして明太子を混ぜ、ごま油、塩を加えて混ぜ合わせる。

明太子と豆腐のディップのアレンジ

- ごま油をマヨネーズにかえると、マイルドな味の明太子マヨディップに。
- さらに辛いもの好きなら、一味唐辛子少々をふって明太子ピリ辛ディップに。

たらこポテトディップ

子どもも喜ぶ

人気の味。豆乳でなめらかにのばすと、軽やかでコクも出ます

《材料・作りやすい分量》

たらこ … 30g
じゃがいも … 1個
豆乳 … 大さじ2

《作り方》

1 じゃがいもは皮をむき、1cm幅のいちょう切りにする。耐熱のボウルに入れ、ふんわりとラップをして電子レンジで4分加熱する。熱いうちになめらかになるまでつぶす。たらこは薄皮を除き、身をこそげる。

さめるとつぶしにくくなるので、手早く

2 すべての材料をボウルに加えて混ぜ合わせる。

たらこポテトディップのアレンジ

- 辛味を加えるならタバスコ少々で、タバスコ入りディップに。
- イタリアンパセリやディルなどのハーブ適量を入れて、たらことハーブディップに。

きのこマヨディップ

お酒に合う

電子レンジで作る、お手軽ディップ。
きのこは2種類を組み合わせて

《材料・作りやすい分量》

- しいたけ … 1個
- しめじ … 1/2 パック
- ツナ缶 … 1缶（約70g）
- オリーブ油 … 大さじ1
- マヨネーズ … 大さじ1
- 粗びき黒こしょう … 少々

《作り方》

1. しいたけとしめじはあれば石づきを除き、粗みじんに切る。
2. 耐熱性の器に入れ、オリーブ油を回しかけ、ふんわりとラップをして電子レンジで1分加熱し、余分な汁けは捨てる。粗熱が取れたら汁をきったツナとマヨネーズと黒こしょうを加えて混ぜる。

きのこマヨディップのアレンジ

- ガーリックチップス適量を加え、ガーリックきのこマヨディップに。
- レモン汁少々を搾り入れ、シトラスきのこマヨディップに。

豆乳タルタルディップ

新しい味

玉ねぎとパセリがたっぷり入った
ヘルシーなディップ。はちみつが隠し味

《材料・作りやすい分量》

- 玉ねぎ … 大さじ2
- パセリ（みじん切り）… 大さじ1
- マヨネーズ … 大さじ4
- 豆乳 … 大さじ3
- 塩、こしょう、はちみつ … 各少々

《作り方》

1. 玉ねぎはみじん切りにして塩少々（分量外）をふる。2～3分おいて水にさらし、しっかりと水けを絞る。
2. ボウルに**1**と残りの材料をすべて入れ、混ぜ合わせる。

豆乳タルタルディップのアレンジ

- 刻んだゆで卵1個分を入れ、ヘルシータルタルソースに。
- お酒のつまみには、刻んだしば漬けなど漬けもの適量をプラスして、カリカリタルタルに。

しそみそディップ　大根で。

みそヨーグルトディップ　キャベツで。

みそ豆腐ディップ　パプリカで。

しそみそディップ

お酒に合う

甘みそに、しそでさわやかさを。田楽みそとしても使えます

《材料・作りやすい分量》

みそ … 大さじ1
青じそ … 10枚
みりん … 大さじ1と½

《作り方》

青じそはみじん切りにする。みりんは耐熱性の器に入れ、ラップをせずに電子レンジで30秒加熱する。ボウルにすべての材料を入れ、混ぜる。

みりんのアルコールをとばすため加熱しましょう

しそみそディップのアレンジ

- 溶かしバター5gくらいを加えて、バター風味のしそディップに。
- 青じそをセロリやねぎのみじん切りにかえて、涼味ディップに。

みそヨーグルトディップ

お酒に合う

発酵食品の組み合わせ。はちみつを加えてまろやかに

《材料・作りやすい分量》

プレーンヨーグルト … 大さじ3
みそ … 大さじ1
すりごま（白）… 大さじ1
はちみつ … 大さじ½

《作り方》

ボウルにみそを入れ、ヨーグルトを加えてよく混ぜる。なめらかになったら、ごまとはちみつを加えてまんべんなく混ぜ合わせる。

みそがだまにならないよう、ていねいに混ぜて

みそヨーグルトディップのアレンジ

- ごまを同量のくだいたナッツにかえると、さらに香ばしいナッツみそディップに。
- パンやクラッカーとディップの間にスライスチーズ適量をはさんで、チーズwithディップに。

みそ豆腐ディップ

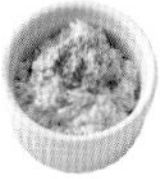

新しい味

しょうがのきいた和風味のディップ

《材料・作りやすい分量》

みそ … 大さじ1
木綿豆腐 … ⅓丁（約100g）
青のり … 小さじ⅓
しょうが汁 … 少々
ごま油 … 大さじ½
砂糖 … 小さじ1

《作り方》

1 豆腐はペーパータオルで包んでザルにのせ、5〜10分おいて水けをきる。ボウルに入れ、ゴムべらでよくつぶす。

2 なめらかなペースト状になったらみそを加えて混ぜ、まんべんなく混ざったら残りの材料を加えて混ぜ合わせる。器に盛り、好みでさらに青のりをふる。

みそを混ぜてからだと豆腐がなめらかにならないので、先に豆腐をつぶします

みそ豆腐ディップのアレンジ

- みそを白みそにして、白みそディップに。
- しょうが汁をみじん切りにかえて、みそしょうがディップに。

ひき肉の温玉ディップ

子どもも喜ぶ

ごちそう感のあるひき肉のディップ。みそでコクを出します

《材料・作りやすい分量》

豚ひき肉 … 100g
温泉卵（市販品）… 1個
A［酒 … 大さじ1
　 砂糖 … 小さじ1
みそ … 小さじ1と1/2
B［片栗粉 … 小さじ1/2
　 水 … 小さじ1
サラダ油 … 小さじ1

《作り方》

1 フライパンにサラダ油を中火で熱し、ひき肉を入れて炒める。肉の色が完全に変わったら水1/2カップ（分量外）とAを加えて2～3分煮て、みそを加えて混ぜる。汁けがほぼなくなったらBを混ぜながら加え、とろみがついたら火を止める。

水溶き片栗粉は、おくと片栗粉が沈むので、入れる直前に混ぜ直して

2 温泉卵を割り入れてくずしてひき肉と混ぜる。

ひき肉の温玉ディップのアレンジ

- みそをオイスターソースやナンプラーにかえると、エスニックなひき肉ディップに。
- マヨネーズ大さじ1/2程度を加えると、まろやかさがアップした、マヨひき肉ディップに。

Part 3

覚えておきたい

基本の たれ、つゆ、ソース

ここで紹介するのは、比較的保存がきいて、汎用性の高いたれ。
仕込んでおけば、いろいろな料理に使えて重宝します。
「自分で作ってみたいけれど、味つけがわからない」といった
悩みにも応えられる、ベーシックなたれです。

和風万能つゆ

煮汁に

そのまま使う

かつお風味のつゆ。ほどよい甘みで、和風の麺料理のほか、天つゆや煮物の煮汁としても使えます

《材料・できあがり量約300mℓ》

- 酒 … 1/2カップ
- みりん … 1/2カップ
- しょうゆ … 1/2カップ
- 削り節 … ひとつかみ（約10g）

《作り方》

1 鍋に酒、みりん、しょうゆを入れて中火にかける。煮立ったら削り節を加え、もう一度煮立ったら弱火にして1～2分煮る。

2 1をザルでこし、ザルに残った削り節からも汁をしっかり絞る。

★ 冷蔵室で5日間保存可能。

だしをとるときと違い、しっかりうまみを出すために煮てOK

《使い方》

そば、うどんなどのつけつゆに。好みの加減に水で薄めて使う。肉じゃがの煮汁にしても。

《肉じゃがの作り方》

サラダ油大さじ1/2で牛切り落とし肉100gをさっと炒め、じゃがいも2個（4つに切る）、にんじん1/3本（乱切り）、玉ねぎ（くし形切り）1/4個を加えて炒め合わせ、水2/3カップと万能つゆ大さじ3を加える。中火で10分ほど煮て、ゆでたきぬさやを散らす。

和風万能つゆのアレンジ

- 使う直前に香ばしくいったごま小さじ1を加えて、ごま万能つゆに。
- 煮ものに使うなら、豆板醤小さじ1/2で辛味をつけて、辛味万能つゆに。

そばつゆ

つけて
かけて

和風万能つゆよりかつお風味が濃厚で、甘みも強いつゆ。
そばの味に負けず、風味を引き立たせます

《材料・できあがり量約500mℓ》

水 … 2と$\frac{1}{2}$カップ
しょうゆ … $\frac{2}{3}$カップ
みりん … $\frac{1}{2}$カップ
砂糖 … 大さじ1と$\frac{1}{2}$
削り節 … 20g

《作り方》

1 鍋に水、しょうゆ、みりん、砂糖を入れて中火にかける。煮立ったらアクをていねいに除き、削り節を加える。

2 再び煮立ったら弱火にし1～2分煮て火を止める。削り節が沈んで粗熱が取れたらザルにペーパータオルを敷いてこす。

★ 冷蔵室で5日間保存可能。

沈んでいく間にもうまみがしみ出てくるので、急がずに

《使い方》

そばのつけつゆに。かけつゆにするときは、同量の水で薄めて。

そばつゆのアレンジ

- ごまだれつゆにするなら、1人分につき大さじ1杯程度のねりごまを混ぜて。
- 刻んだゆずの皮適量を散らして、ゆずそばつゆに。

そうめんつゆ

そのまま使う

そうめんは昆布風味の薄口つゆでどうぞ。
繊細なめんの味わいが際立ちます

《材料・できあがり量約400mℓ》

- 水 … 2カップ
- 昆布(10×10cm)… 1枚
- みりん … 大さじ4
- 薄口しょうゆ … 大さじ4
- 削り節 … ひとつかみ(約10g)

《作り方》

1. 鍋に水と昆布を入れて30分から1時間おき、昆布は取り出す。みりん、薄口しょうゆを加えて中火にかける。煮立ったらアクをていねいに除き、削り節を加える。
2. 再び煮立ったら弱火にし、1～2分煮て火を止める。削り節が沈んで粗熱が取れたらザルにペーパータオルを敷いてこす。

★ 冷蔵室で5日間保存可能。

昆布は煮るとぬめりやえぐみが出るので、煮なくてOK

《使い方》

そうめんのつけつゆに。かけつゆにするときも、水で薄めずにこのまま使う。野菜のおひたしのひたし地にしても。

そうめんつゆのアレンジ

- 梅干し適量を入れて、すっきりとした梅そうめんつゆに。
- 刻んだしそやたくあん適量を混ぜ、香味そうめんつゆに。

割り下

煮汁に

関東風のすき焼きの煮汁。きりっとしたおいしさです。
作っておけば、親子丼などのどんぶりものも楽チン

《材料・できあがり量約 250mℓ》

- だし汁 … 1/2 カップ
- みりん … 1/4 カップ
- 酒 … 1/4 カップ
- しょうゆ … 1/4 カップ
- 砂糖 … 大さじ1

《作り方》

鍋にすべての材料を入れて中火にかける。煮立ったら弱火にして1～2分煮て火を止める。アクが出てきたら除く。

★ 冷蔵室で5日間保存可能。

アクを除くことで、すっきりとした雑味のない味になります

《使い方》

すき焼きに。この量で肉250g前後（2人分）のすき焼きができます。

割り下のアレンジ

- 粉チーズ適量を加えて、洋風割り下に。
- 刻んだトマト1/2個分やトマトケチャップ少々を入れた、トマト割り下にしても。

ぽん酢

そのまま使う

すだちが出回っている時期にぜひ作りたい、
自家製のぽん酢しょうゆ。ごま油で風味よく

《材料・できあがり量約1カップ》

すだちの搾り汁 … 3 個分
水 … 1/4 カップ
みりん … 1/4 カップ
しょうゆ … 1/2 カップ
削り節 … ひとつかみ（約 10g）
酢 … 大さじ 3
塩 … 少々
ごま油 … 少々

《作り方》

1 鍋に水、みりん、しょうゆを入れて中火にかける。煮立ったらアクをていねいに除き、削り節を加える。

2 再び煮立ったら弱火にし、1～2分煮て火を止める。削り節が沈んで粗熱が取れたらザルにペーパータオルを敷いてこす。残りの材料をすべて入れて混ぜ合わせる。

沈んでいく間にもうまみがしみ出てくるので、急がずに

★ 冷蔵室で5日間保存可能。

《使い方》

鶏の水炊きに。食卓でもみじおろしや、刻んだ万能ねぎを加えても。

ぽん酢のアレンジ

- かんきつをゆず1個分にかえて、ゆずぽん酢に。
- 一味唐辛子少々ですっきりした辛味をプラスした、唐辛子ぽん酢に。

二杯酢

そのまま使う

魚介類と相性がいい合わせ酢です。
甘みを加えず、すっきりとした味に

《材料・作りやすい分量》

だし汁 … 大さじ5
酢 … 大さじ3
薄口しょうゆ … 小さじ2

《作り方》

ボウルにすべての材料を入れて混ぜ合わせる。

★ 冷蔵室で5日間保存可能。

普通のしょうゆでも構いませんが、薄口しょうゆのほうがより素材の味を引き立てます

《使い方》

甘みがないので、貝類やえび、いかといった魚介の淡白な味わいを引き立てます。本来は酢としょうゆを合わせたものですが、酸味が強く、使いにくいのでここで紹介したようにだし汁で割るタイプのほうが広く用いられるようになりました。

二杯酢のアレンジ

- ゆずこしょう少々を加えて、ゆずこしょう風味の二杯酢に。
- 梅風味の二杯酢は、梅干しペースト少々を加えて。

三杯酢

そのまま使う

ほんのり甘みのある合わせ酢。きゅうりの酢のものはこちらでどうぞ。だしを加えてまろやかに

《材料・作りやすい分量》

- だし汁 … 大さじ6
- 酢 … 大さじ5
- 砂糖 … 大さじ2と½
- しょうゆ … 小さじ1
- 塩 … 少々

《作り方》

鍋にだし汁を入れて中火にかける。砂糖を入れて混ぜ、溶けたら残りの材料を加えて混ぜ合わせる。10秒ほどしたら火を止めて粗熱を取る。

★冷蔵室で5日間保存可能。

火を通しすぎると、酢の酸味がとんでしまうので注意

《使い方》

きゅうりとわかめの酢のものに。

Column

二杯酢と三杯酢ってどう違うの？

二杯酢は酢としょうゆを合わせたもの。三杯酢は二杯酢にみりんや砂糖で甘みを加えたものです。さかずきで一杯、二杯…と数えて入れたからこうした名前で呼ばれるようになったという説も。ここではそれぞれの用途に合わせ、使うしょうゆもかえたレシピを紹介しています。

三杯酢のアレンジ

- ちりめんじゃこ大さじ1を漬け込んで、ちりめん三杯酢に。
- 酢を黒酢にして、黒酢三杯酢に。

すし酢

そのまま使う

酸味と甘みがまろやかなすし飯用の合わせ酢。
作っておくと、手軽におすしが作れます

《材料・約300mℓ・ご飯8合分》

酢 … 1と½カップ
砂糖 … 大さじ6
塩 … 小さじ2

《作り方》

酢に砂糖と塩を加え、ざらつきがなくなるまでよく混ぜる。

★ 冷蔵室で1週間保存可能。

溶け残りやすいので、よく混ぜる。火にかけると酸味がとんでしまうので注意

《使い方》

温かいご飯に混ぜてすし飯に。ご飯2合につき、すし酢大さじ3が目安。

すし酢のアレンジ

- すし酢大さじ3に対し、刻んだらっきょう大さじ1を混ぜて、らっきょうすし酢に。
- すし酢大さじ3に対し、刻んだ小梅大さじ1を混ぜて、梅すし酢に。

トマトソース

そのまま使う

トマトの水煮と玉ねぎだけの、シンプルなトマトソース。
煮込み時間によって味が変わります

《材料・作りやすい分量》

トマト缶（水煮）… 2 缶（約 800g）
玉ねぎ … ½ 個
にんにく … 1 かけ
オリーブ油 … 大さじ 2
砂糖 … 小さじ ½
塩、こしょう … 各適量

《作り方》

1 玉ねぎとにんにくはみじん切りにする。

2 鍋にオリーブ油を中火で熱し、にんにくと玉ねぎを入れて炒め、玉ねぎが透き通ってきたらトマトをつぶしながら加える。煮立ったら弱火にして15～20分煮て、砂糖、塩、こしょうで味を調える。

★ 冷蔵室で5日間保存可能。

砂糖が酸味を抑えて味をまとめ、味に奥行きを出す効果が

《使い方》

パスタソースに。¼量でパスタ200gが目安です。ゆでたパスタにかけたり、からめて。カツレツや肉や魚のソテーにかけると、ワンランクアップした一皿に。

トマトソースのアレンジ

- アンチョビー1切れを加えて、イタリアントマトソースに。
- 刻んだオリーブの実適量を加えて、オリーブトマトソースに。

ホワイトソース

そのまま使う

だまができると敬遠されるホワイトソース。
玉ねぎと小麦粉を一緒に炒めると、簡単でおいしく

《材料・作りやすい分量》

玉ねぎ … 1/2 個
牛乳 … 2 カップ
バター、小麦粉 … 各大さじ 2
塩、こしょう … 各少々

《作り方》

1 玉ねぎは繊維に沿って薄切りにする。

2 フライパンにバターをこがさないよう弱火で熱し、玉ねぎを入れて炒める。しんなりしたら小麦粉をふり入れ、粉っぽさがなくなるまで炒める。牛乳を加えて混ぜながら3分煮たら塩、こしょうで味を調える。

★ 冷蔵室で3～4日保存可能。

一気に加えてしまってOK。多少だまになっても、混ぜながら煮ているうちになめらかに

《使い方》

グラタン、パスタなどに。バターソテーにした野菜にかけても。

ホワイトソースのアレンジ

- カレー粉少々を加えて、カレーホワイトソースに。
- 刻みパセリ適量を加え、パセリホワイトソースに。

オーロラソース

つけて
かけて

マヨネーズとトマトケチャップを合わせたソース。
おなじみの調味料同士ですが、ちょっとした変化が欲しいときに

《材料・作りやすい分量》

トマトケチャップ … 大さじ 4
マヨネーズ … 大さじ 4

《作り方》

ボウルにすべての材料を入れて混ぜ合わせる。

★ 冷蔵室で4～5日保存可能。

Column

オーロラソースって何？

フランス料理のソースのひとつで、ベシャメル（ホワイト）ソースにトマトピュレを合わせ、バターで風味をつけたものです。ピンクの色合いからオーロラ（あかつき）のソースといわれます。現在ではマヨネーズとトマトケチャップを合わせたものをオーロラソースと呼ぶことが多く、甘ずっぱさとさわやかさ、コクと甘みが人気。

《使い方》

ゆで卵やボイルしたえび、アボカドにかけるのがポピュラーです。

オーロラソースのアレンジ

- 辛味をたすならタバスコ少々で、ホットオーロラソースに。
- レモン汁を少しだけ加えて、シトラスオーロラソースに。

アイオリソース

つけて かけて

にんにく風味のマヨネーズソース。
濃厚なおいしさが魅力です

《材料・作りやすい分量》

マヨネーズ … 大さじ4
オリーブ油 … 大さじ1と½
にんにく(すりおろし) … 小さじ½

《作り方》

ボウルにすべての材料を入れて混ぜ合わせる。

★ 冷蔵室で4~5日保存可能。

Column

アイオリソースって何？

フランス、プロバンス地方発祥のソースで、卵黄とオリーブ油を乳化させ、にんにくとレモンで風味づけしたもの。魚介のブイヤベースに添えるソースです。ゆでた塩だらや、ゆで卵につける郷土料理も。卵黄のソースはマヨネーズで代用して手軽にしますが、元のレシピの風味を生かし、オリーブ油も加えましょう。

《使い方》

かき、リーモン、白身魚など、魚のフライと相性がいいソースです。かきフライ4個分くらいで使いきれるソースの量です。かきは塩、こしょうをふり、小麦粉、溶き卵、パン粉各適量を順につけ、中温(175℃)の油でからりと揚げて。

アイオリソースのアレンジ

- にんにくをガーリックチップス小さじ1にかえて、クリスピーアイオリソースに。
- 粗びき黒こしょう少々をプラスして、ペッパーアイオリソースに。

バーベキューソース

つけて かけて

肉のバーベキューといえばこれ！
牛肉はもちろん、スペアリブや鶏肉にも

《材料・作りやすい分量》

トマトケチャップ … 大さじ 4
はちみつ … 大さじ 3
中濃ソース … 大さじ 2
カレー粉 … 少々

《作り方》

すべての材料をボウルに入れて混ぜ合わせる。

★ 冷蔵室で5日間保存可能。

Column

バーベキューソースって何？

アメリカでは肉料理にかかせない、とても人気のあるソースです。ソースとケチャップ、スパイスをきかせたもの、しょうゆで風味づけしたものなど、市販品が多く出回っています。バーベキューはもとより、ローストした肉や煮込み料理などにも使われます。

《使い方》

肉料理のテッパンソースですが、オムレツとも相性がよく、ドミグラスソースより手軽、ケチャップより本格的な味に。

バーベキューソースのアレンジ

- しょうゆ少々をプラスして、和風バーベキューソースに。
- おろしにんにく少々をプラスして、ガーリックバーベキューソースに。
- 粉チーズ適量をプラスして、チーズバーベキューソースに。

ハニーマスタードだれ

つけて
かけて

粒マスタードとはちみつを合わせて。
材料は2つだけですが、甘みとほのかな酸味で複雑なおいしさに

《材料・作りやすい分量》

粒マスタード … 大さじ6
はちみつ … 大さじ3と½

《作り方》

すべての材料をボウルに入れて混ぜ合わせる。

★ 冷蔵室で5日間保存可能。

《使い方》

粒マスタードは辛味はほとんどないので、子どもにも喜ばれます。シンプルに焼いたロースト肉やソテーと合わせて。

《チキンソテーの作り方》

鶏もも肉1枚(250～300g)はところどころフォークで刺し、塩小さじ½をよくすり込む。こしょう少々をふり、片面焼きグリルの強火で皮を下にして置き、7～8分焼く。裏返して4～5分焼き、ソースをかける。

ハニーマスタードだれのアレンジ

- はちみつをメープルシロップにかえて、メープルマスタードだれに。
- 粒マスタードに普通のマスタード小さじ1をプラスして、ダブルマスタードだれに。

ジェノベーゼソース

そのまま使う

イタリア、ジェノバで生まれた生バジルを使ったソース。
パスタのほか、魚のソテーや魚介にも

《材料・作りやすい分量》

バジルの葉 … 50g
にんにく … 小1かけ
松の実 … 30g
オリーブ油 … $\frac{2}{3}$ カップ
粉チーズ … 大さじ2
塩 … 小さじ1～1と $\frac{1}{3}$

《作り方》

1 バジルは葉を摘む。にんにくは芯を除いてざっと刻む。松の実はフライパンでからいりする。

2 フードプロセッサーにバジルの葉、にんにく、オリーブ油を入れバジルの葉が細かくなるまで攪拌する。粉チーズと松の実、塩を加えて松の実の粒が粗く残るくらいまで攪拌して止める。

★ 冷蔵室で1週間保存可能。空気に触れると茶色く変色するので、ジッパーつき保存袋に入れて、空気を抜いて保存する。

《使い方》

ゆでたパスタをあえた「スパゲティジェノベーゼ」が、日本でもおなじみに。素材のクセをやわらげるので、魚介料理によく使われます。ゆでだことトマトを食べやすく切って盛り合わせ、ソースをかければ、気のきいた一品に。

ジェノベーゼソースのアレンジ

- アンチョビー1切れをたしてアンチョビージェノベソースに。
- 刻んだパセリ適量をたしてパセリジェノベソースに。
- 松の実をアーモンドにかえてアーモンドジェノベソースに。

アジアンソース

そのまま使う

ナンプラーとレモンが香る、エスニック風味のソース。
辛味をたしても

《材料・作りやすい分量》

レモン汁 … 1個分
ナンプラー … 大さじ3
しょうゆ、砂糖 … 各大さじ1

《作り方》

すべての材料をボウルに入れて混ぜ合わせる。

★ 冷蔵室で1週間保存可能。

《使い方》

エスニック風味のあえものに。

《ヤムウンセンの作り方》

えび6尾は殻をむく。春雨40～50gは熱湯に5分浸けてもどし、水にとって水けをきり、食べやすく切る。ハム4枚は細切り、きゅうり1本はせん切りにする。にんにく大2かけは大きめのみじん切りに。サラダ油大さじ1でにんにくとえびを炒めてソース全量に混ぜ、すべての具材と混ぜ合わせる。

アジアンソースのアレンジ

- 赤唐辛子少々を加えて、チリアジアンソースに。
- 薄切りレモン適量をプラスして、シトラスアジアンソースに。

韓国万能ソース

そのまま使う

「韓国風の味が作りたい」というときに。
野菜をあえたり、つけだれにしたり、麺にかけて

《材料・作りやすい分量》

長ねぎ（みじん切り）… 1本
にんにく（みじん切り）… 大1かけ
すりごま（白）… 大さじ3
しょうゆ … 大さじ3
酢 … 大さじ3
コチュジャン … 大さじ1
砂糖 … 小さじ1
ごま油 … 大さじ3

《作り方》

すべての材料をボウルに入れて混ぜ合わせる。

★ 冷蔵室で1週間保存可能。

《使い方》

チャプチェ（韓国風春雨炒め）や、焼き肉のたれに。

《チャプチェの作り方》

春雨60gは熱湯でもどし、水けをしっかりきって食べやすく切る。牛切り落とし肉200gは小さめに切る。ピーマン2個は細切りに、きゅうり1本はせん切りにする。サラダ油大さじ1強できゅうり以外の材料を炒め、きゅうりとともにボウルに入れてソース大さじ4であえる。

韓国万能ソースのアレンジ

- 長ねぎを小口切りにした万能ねぎ適量にかえて、ねぎ韓国ソースに。
- にんにくをガーリックチップス小さじ1にかえて、クリスピー韓国ソースに。

スイートチリソース

つけて
かけて

市販品だと使い残してしまいがちな
スイートチリソースを自家製で

《材料・作りやすい分量》

- トマトケチャップ … 大さじ 3
- 砂糖 … 大さじ 2 と 1/2
- しょうゆ … 小さじ 1/2
- 豆板醤 … 小さじ 1/3 ～ 1/2
- レモン汁 … 大さじ 2
- しょうが汁 … 小さじ 1/2

《作り方》

すべての材料をボウルに入れて混ぜ合わせる。

★冷蔵室で1週間保存可能。

《使い方》

生春巻きに添えて。揚げものにもよく合うので、から揚げや春巻きにも。ボイルドソーセージにつけて。

スイートチリソースのアレンジ

- 刻んだトマト 1/2 個分を加えると、サルサ風スイートチリソースに。
- シャンツァイ適量を刻んで加え、シャンツァイチリソースに。

香味だれ

つけて
かけて

香味野菜いっぱいの甘酢しょうゆだれ。
中華風の料理に活躍

《材料・作りやすい分量》

長ねぎ（白い部分・みじん切り）… ½ 本
にんにく（みじん切り）… 1かけ
しょうが（みじん切り）… 1かけ
酢 … ¼ カップ
しょうゆ … 大さじ 2 と ⅓
砂糖 … 大さじ 2
ごま油 … 大さじ 1

《作り方》

すべての材料をボウルに入れて混ぜ合わせる。

★ 冷蔵室で1週間保存可能。

《使い方》

ごま油やにんにくがきいているので、ひとかけで中華風の味になります。から揚げにかければ油淋鶏風、豆腐にかければ、中華風冷ややっこに。もっと手軽に、市販のサラダチキンにかけても。

香味だれのアレンジ

- 青のり少々をプラスして、のり香味だれに。
- 酢を黒酢にかえて、黒酢香味だれに。

田楽みそだれ

つけて
かけて

作っておけば、豆腐やこんにゃくの田楽がすぐできます。
ゆでた野菜につけても

《材料・作りやすい分量》

みそ … 80g
砂糖 … 大さじ5
みりん … 大さじ3

《作り方》

すべての材料を小鍋に入れて混ぜ、弱火でこがさないように木べらでゆっくりと練り混ぜながら7～8分加熱する。とろりとしたら火を止める。

★冷蔵室で2週間保存可能。しっかりさましてから冷蔵室へ。

練り混ぜることでつやが出て、なめらかに。保存性も高まる

《使い方》

ゆでこんにゃくにつけて。豆腐につけて、グリルで軽くあぶっても。ふろふき大根や、ゆでた里いもにのせて。

田楽みそだれのアレンジ

- みそを白みそにして、白みそだれに。
- 刻んだゆずの皮適量を混ぜて、ゆずみそだれに。

おでんつゆ

煮汁に

おでんつゆを自家製で。煮干しだしを合わせると、
お店のような深いコクが生まれます

《材料・2人分》

- 水 … 4カップ
- 煮干し … 6～7本
- 昆布（10cm角）… 1枚
- 酒 … 大さじ1
- しょうゆ … 大さじ⅔
- 薄口しょうゆ … 大さじ½
- みりん … 小さじ1
- 塩 … 小さじ1

《作り方》

ボウルに水、煮干し、昆布を入れて30分ほどおく。中火にかけて煮立つ直前で昆布と煮干しを取り出し、調味料を入れて混ぜる。

煮干しのうまみがしみ出てくるまでしばらくおく

★冷蔵室で5日間保存可能。

《使い方》

おでんに。具材をいろいろ揃えなくても、大根とちくわ、卵とこんにゃくなど、シンプルな煮もの風にしても、つゆが自家製だと上品な一品に。

おでんつゆのアレンジ

- 食べるときに取り分けた具とつゆに青のりや削り粉適量をふると、静岡風おでんつゆに。
- カレー粉少々をプラスして、カレーおでんつゆに。

塩とろみだれ

炒めだれ

塩味の炒めものには、このたれを。
シンプルな青菜炒めも味が決まります

《材料・作りやすい分量・約２人分》

水 … ½カップ
鶏ガラスープの素（顆粒）… 小さじ1
片栗粉 … 小さじ1
塩 … 小さじ⅓
こしょう … 少々

《作り方》

ボウルにすべての材料を入れて混ぜ合わせる。

★ 冷蔵室で4～5日保存可能。

片栗粉が沈殿するので、使うときにはもう一度混ぜ合わせて。できれば使う直前に作って

《使い方》

野菜炒めに。シンプルな青菜炒めや、塩焼きそばにも。

《青菜の塩炒めの作り方》

青梗菜大3株は葉をざく切りにし、茎は6～8等分に切る。フライパンにサラダ油大さじ½を中火で熱し、茎を先に炒め、やや火が通ったら葉を加え、しんなりしたらたれの½量をよく混ぜながら入れて炒め、とろみがついたら火を止める。

塩とろみだれのアレンジ

- こしょうを粗びき黒こしょうにかえて、ペッパーとろみだれに。
- せん切りにしたしょうが½かけ分をプラスして、ジンジャーとろみだれに。

調味料重量換算表

調味料をたくさん計るときは、キッチンスケールで計ると便利です。

	大さじ1	小さじ1
砂糖	9g	3g
グラニュー糖	12g	4g
塩（精製塩）	18g	6g
塩（自然塩）	15g	5g
しょうゆ	18g	6g
みりん	18g	6g
みそ	18g	6g
はちみつ	21g	7g
油	12g	4g
バター	12g	4g
ウスターソース	18g	6g
中濃ソース	15g	5g
マヨネーズ	12g	4g
片栗粉	9g	3g
小麦粉（薄力粉）	9g	3g
カレー粉	6g	2g
鶏ガラスープの素	9g	3g

Part 4

野菜いっぱいおかずだれ

野菜の種類や、その日の気分に合わせて味つけをかえたいドレッシング。
さまざまなテイストをご紹介します。ノンオイルタイプも収録。
ディップはクラッカーや野菜に添えるだけで、気のきいた一品に。
自分好みの味を見つけて。

白身魚のカルパッチョラビゴットソースがけ

ラビゴットソース

トマト、きゅうり、玉ねぎのうまみが
渾然一体となったさわやかなソース。
魚料理によく合います

《材料・2人分》

- トマト … 中½個
- きゅうり … 小½本
- 玉ねぎ … ⅛個
- A
  - サラダ油 … 大さじ2
  - 酢 … 大さじ1と½
  - 塩 … 小さじ½
  - 砂糖 … 小さじ¼
  - こしょう … 少々

Column

ラビゴットソースとは

フランス料理のソースで、名前は「元気にさせる」(ravigote)という意味の動詞に由来します。その名のとおり、野菜と酢が入っていて、食べると元気が出そう！

《作り方》

1. トマトは種を除き、5mm角に切る。きゅうりは5mm角に切り、塩少々（分量外）をふって5分ほどおき、ペーパータオルに包んで水けを取る。玉ねぎはみじん切りにする。

   水けが多いと日持ちが悪くなるので、しっかりと取って

2. ボウルにAの調味料を入れて混ぜ、**1**の野菜を加えて混ぜ合わせる。

★冷蔵室で3～4日保存可能。

《使い方》

みずみずしい食感と香りをいかし、刺身にかけて、カルパッチョに。白身魚とよく合います。

ラビゴットソースのアレンジ

- 塩は入れずに、酢をぽん酢しょうゆにかえて、和風ラビゴットソースに。
- トマトをプチトマトにして、細かく刻まず4つ割り程度にして、トマトいっぱいソースに。
- 玉ねぎをセロリにかえて、セロリ風味ソースに。

サルサソースのせカナッペ

サルサソース

タコスやタコライスでおなじみのソース。好みで辛味をたしても

《材料・2人分》

- トマト … 中 $\frac{1}{2}$ 個
- 玉ねぎ … $\frac{1}{4}$ 個
- A
  - オリーブ油 … 大さじ2
  - 酢 … 大さじ $\frac{1}{2}$
  - 塩 … 小さじ $\frac{1}{3}$ 強
  - こしょう … 少々
  - 砂糖 … 少々

Column

サルサソースとは

「サルサ」(salsa)はスペイン語で、「ソース」の意味。ですから、「サルサソース」は「ソースソース」となり、本来「ソース」はつけないのが正しいといえそう。タコスなどに合わせるのは、「サルサ・ロハ」。ここで紹介したソースをベースに、辛味をつけ、スパイスを加えます。

《作り方》

1 トマトは種を除いて7～8mm角に切る。玉ねぎはみじん切りにして塩少々(分量外)をふって5分ほどおき、よくもんでから水にさらす。ザルに上げて水けをきり、ペーパータオルに包んで水けをしっかり絞る。

辛味を抜いて食べやすくしますが、ピリッとした味が好みならそのまま使っても

2 ボウルにAの調味料を入れて混ぜ、**1**の野菜を加えて混ぜ合わせる。

★冷蔵室で3～4日保存可能。

《使い方》

タコスやタコライスに添えるのはもちろん、薄切りのパンにのせてカナッペに。

サルサソースのアレンジ

- 唐辛子とシャンツァイを加えて、「サルサ・ロハ」に。
- パセリを加えて、パセリ入りソースに。
- 酢をレモンやライムの搾り汁にかえて、かんきつソースに。

白身魚のグリルトマトみそだれソースがけ

トマトみそだれ

トマトとみそ、
うまみが豊富な食材の組み合わせ。
混ぜるだけで複雑なおいしさに

《材料・作りやすい分量》

トマト … 大2個
みそ … 大さじ2
オリーブ油 … 大さじ2
しょうゆ … 小さじ$\frac{2}{3}$

《作り方》

1 トマトは皮をむき、1cm角に切ってボウルに入れ、しょうゆをふって混ぜる。

2 別のボウルにみそとオリーブ油を入れて混ぜ、**1**を加えて混ぜ合わせる。

★冷蔵室で3～4日保存可能。
3日目以降は水分が出るので、うまみを生かしてスープや煮ものにしても。

へたの反対側に十字に切り目を入れて熱湯につけると、皮がむきやすくなります（湯むき）。よく熟したものなら、皮目に切り目を入れて引っぱってむいても

みそは溶きのばしにくく、トマトはつぶれやすいので、別々に混ぜてから合わせます

《使い方》

和風テイストのトマトだれ。焼き魚にかけて。和風にも、洋風にも合うので、魚はグリルで塩焼きでも、オリーブ油でソテーにしても。ゆでしゃぶしゃぶともよく合います。

トマトみそだれのアレンジ

- 細かく刻んだ青じそ適量をプラスして、青じそフレーバーに。
- オリーブ油を同量のごま油にかえて、ごま油フレーバーに。
- わさび少々で辛味を加えて、わさびフレーバーに。

えびの中華炒めにら香味だれかけ

にら香味だれ

にらと香味野菜の風味満点！
作りたてはフレッシュなおいしさ、
味がしっかりなじんでからはまた別のおいしさに

《材料・作りやすい分量》

にら … 1/3 束
にんにく … 小1かけ
しょうが … 小1かけ
A 酢 … 3/4 カップ
　しょうゆ … 大さじ4
　ごま油 … 大さじ2
　砂糖 … 大さじ1/2

Column
にらを使い残したら…
にらはとても傷みやすい野菜のひとつ。たれにすると保存性が高まるので、使い残してしまったときに作っておくと重宝します。

《作り方》

1 にら、にんにく、しょうがはそれぞれみじん切りにする。
2 ボウルに**1**とAを入れ、混ぜ合わせる。

★冷蔵室で3～4日保存可能。

刻む大きさはお好みで

《使い方》

淡白な素材の味わいを引き立たせます。たとえばごま油で炒めたえびにからめて。サラダチキンや麺にかけても。

にら香味だれのアレンジ

- 豆板醤小さじ1/4を入れて、ピリ辛だれに。
- いりごまをたっぷり加えて、ごま香味だれに。
- 刻みねぎ適量を入れて、ねぎ香味だれに。

豆腐ステーキきのこだれがけ

きのこだれ

ノンオイルのヘルシーなたれ。甘辛しょうゆ味で、辛味や油をプラスすると、使い方が広がります

《材料・作りやすい分量》

まいたけ … 1パック
しめじ … 1パック
A［みりん … 1/3 カップ
　しょうゆ … 大さじ2と 1/2
　砂糖 … 大さじ 1/2

《作り方》

1 しめじは石づきを切り、まいたけとともに小房に分ける。

2 フライパンを熱し、1を入れて炒める。しんなりとして香りが立ったらAを加えて混ぜ合わせる。煮立ったら30秒～1分煮て火を止め、粗熱を取る。

★冷蔵室で2～3日保存可能。

油は入れなくてOK。調味料を加えて煮るので、じっくり炒めなくてもいい

《使い方》

葉もの野菜のおひたしにかけ、ホットサラダ風にしたり、豆腐ステーキにかけて。焼いた厚揚げや油揚げにのせても。

きのこだれのアレンジ

- ごま油少々をたすと中華風だれに。唐辛子で辛味をつけても。
- オリーブ油と粉チーズ適量を加えると、オリーブ風味だれに。パスタソースにも。
- 青のりをたっぷり入れて、青のり入りだれに。

冷たいキムチきゅうりだれあえ麺

キムチきゅうりだれ

キムチのうまみと、さわやかな歯ざわり、
さっぱりした酸味で食がすすみます

風味豊か

《材料・作りやすい分量》

きゅうり … 1本
白菜キムチ … 150g
A 酢 … 大さじ1
　しょうゆ … 大さじ½
　ごま油 … 大さじ⅔～1

《作り方》

1 きゅうりは5mm角に切る。白菜キムチは粗いみじん切りにする。

2 ボウルにAの調味料を入れて混ぜ、**1**を加えて混ぜる。

★冷蔵室で2～3日保存可能。

細かく切って、キムチや調味料となじみやすくします

《使い方》

麺のソースとして。冷たい麺でも温かい麺でも、ゆでた麺の汁をきってあえるだけ。冷ややっこにも。

キムチきゅうりだれのアレンジ

- きゅうりを大根100gにかえると、コリコリした食感のキムチ大根だれに。
- しょうゆを同量のみそにかえると、キムチみそだれに。コクがアップ。
- マヨネーズ大さじ1をたして、まろやかなキムチマヨだれに。

かくやご飯

かくやだれ

お漬けものを数種類組み合わせたたれ。
味つけはせず、うまみと塩けをいかします

さっぱり

《材料・作りやすい分量》

たくあん … 大さじ１強（約15g）
野沢菜 … 大さじ１強（約15g）
しば漬け … 大さじ１強（約15g）
いりごま（白）… 大さじ１

細かい方がたれらしい味わいになりますが、好みで大きさは調整して

《作り方》

1 漬けものはみじん切りにする。すべての材料をボウルに入れて混ぜる。

★冷蔵室で４～５日保存可能。

《使い方》

ご飯に混ぜて。お茶漬けにも。

Column

かくやとは

由来は、「覚弥」という料理人が考案した、古漬け（発酵が進んだ漬けもの）を、一晩水に漬けて塩抜きし、細かく刻んでしょうゆで味をととのえた料理という説と、高野山の「隔夜堂」というお堂を守る老僧のために、たくあんを細かく刻んだからという説があります。現在では細かく刻んだ漬けものを「かくや」と呼びます。

かくやだれのアレンジ

- 削り節をたっぷりまぶして、かつお風味だれに。
- とろろやゆでたオクラ適量を混ぜて、とろとろのかくやとろみだれに。
- 一味唐辛子少々を加えて、ピリ辛かくやだれに。

冷やしそばのオクラと長いものとろろだれのせ

オクラと長いものとろとろだれ

大きく切って小鉢でいただくことも多い組み合わせですが、刻んでたれにすると、また違った魅力が

風味豊か

《材料・作りやすい分量》

- オクラ … 3本
- 長いも … 5cm（100g）
- A 削り節 … 1パック（4～5g）
- A しょうゆ … 大さじ1

《作り方》

1. オクラは塩少々（分量外）をまぶしてこすり、塩を洗い流す。熱湯で2分ほどゆでて冷水にとり、水けをきってへたを切り、小口切りにする。長いもは6～7mm角に切る。

うぶ毛が取れて口当たりがよくなるだけでなく、色よくゆで上がります

2. ボウルにAの材料を入れて混ぜ、**1**を加えて混ぜる。

★冷蔵室で2～3日保存可能。

《使い方》

ぶっかけ麺の具に。湯豆腐のたれに。

オクラと長いものとろとろだれのアレンジ

- めかぶ適量を加え、3種のとろとろだれに。
- たたいた梅干しを入れて、さわやかな梅風味だれに。
- ちぎったのり適量を加えて、のり風味だれに。

しそなめこだれ

なめこのとろみをいかし、ソースを作ると簡単！
味つけは塩こうじで。色合いもきれいになります

コクうま

《材料・作りやすい分量》

なめこ … 1パック
青じそ … 3枚
塩こうじ … 大さじ2

《作り方》

なめこは熱湯でさっとゆでてザルに上げ、冷水をかけて水けをよくきる。しそは粗みじんに切る。ボウルにすべての材料を入れ、混ぜる。

★作ったらすぐに食べきって。

ぬめりが強ければ、洗い流すように水をかけて

《使い方》

サラダチキンとあえて。かまぼこなどの練り製品とも合います。

サラダチキンのしそなめこだれあえ

しそなめこだれのアレンジ

- 納豆1/4パックを加え、納豆入りだれに。
- たたいた梅干し適量を入れて、梅風味だれに。
- きゅうり1/2本の粗みじん切りを加えて、きゅうり入りだれに。

酢キャベツだれ

コールスローより手軽、でもサラダ感覚でたっぷり食べられるソースです。豚肉と好相性

さっぱり

《材料・約1カップ分》

キャベツ … 6枚
塩 … 小さじ½
洋風スープの素（顆粒）… 小さじ1
ワインビネガー（または酢）… 大さじ3
サラダ油 … 大さじ2
砂糖 … 大さじ½

《作り方》

キャベツはやや太めのせん切りにし、ボウルに入れて塩をふる。しんなりとしたら水けを絞り、スープの素をもみ込む。残りの材料をすべて加えて混ぜる。

★冷蔵室で4～5日保存可能。

混ぜるだけでは溶け残ってしまうので、手でもみ込んで

《使い方》

ゆでしゃぶしゃぶに。豚肉のほか、いかやえびなど、シーフードとあえても。

ゆでしゃぶの酢キャベツだれのせ

酢キャベツだれのアレンジ

- クミンパウダー（またはカレー粉）少々をふって、クミン風味だれに。カレーのつけ合わせにもなります。
- レモンの皮少々を加えてレモン風味だれに。
- キャベツの半量を塩もみした玉ねぎ¼個の薄切りにかえて、玉ねぎキャベツだれに。

ダブルりんごだれ

すりおろしりんごと、刻んだりんご、異なる食感がおいしさの素

《材料・作りやすい分量》

りんご … 1個

A
- 酢 … 大さじ1
- オリーブ油 … 大さじ1
- 砂糖 … 小さじ1/2
- 塩、こしょう … 各少々

《作り方》

1 ボウルにAの調味料を混ぜておく。

りんごは変色しやすいので、先に調味料を用意しておき、すぐ混ぜられるように

2 りんごはよく洗って半分に切り、一方は皮をむいてすりおろす。もう一方は2～3cm長さの太めのせん切りにし、それぞれ**1**に加えて混ぜる。

★冷蔵室で2～3日保存可能。

《使い方》

豚肉ととても相性がいいので、ポークソテーにのせて。シンプルなソテーのほか、みそ漬けの豚肉や、西京漬けのような焼き魚とも合います。

ポークソテーダブルりんごだれかけ

ダブルりんごだれのアレンジ

- シナモンをひとふりして、エキゾチックなシナモン風味だれに。
- イタリアンパセリやディルなど、刻んだハーブ適量を加えてフレッシュハーブだれに。
- 粗びき黒こしょう少々をふって、黒こしょう風味だれに。

万能ねぎのみそだれ

甘みのあるみそだれと、万能ねぎのピリッとした風味が絶妙にマッチ

《材料・作りやすい分量》

万能ねぎ … 3本（約10g）

A
- みりん（電子レンジでラップをせずに1分加熱する）… 大さじ4
- みそ … 50g
- 砂糖 … 大さじ2
- 赤唐辛子（小口切り）… 1本

《作り方》

1 ねぎは小口切りにする。

2 みりんを鍋に入れて中火にかける。煮立ったらボウルに入れ、Aの残りの調味料をすべて加え、よく混ぜる。**1**を加えて混ぜる。

★冷蔵室で4～5日保存可能。

みりんのアルコール分をとばすため

《使い方》

焼いた厚揚げにのせたり、ふろふき大根に。ゆでたじゃがいもや葉もの野菜とあえても。

焼き厚揚げの万能ねぎのみそだれのせ

万能ねぎのみそだれのアレンジ

- 粗いみじん切りにした長ねぎ適量を加えて、ねぎたっぷりだれに。
- すりおろしたしょうが½かけ分をプラスして、ねぎしょうがだれに。
- みそを同量の白みそにかえて、白みそだれに。

セロリマッシュルームだれ

マッシュルームの香りいっぱい。
クラッカーやチーズにのせれば、たれ自体がオードブルに

コクうま

《材料・作りやすい分量》

セロリ … 5cm（約 25g）
マッシュルーム（生）… 2 個
A オリーブ油 … 大さじ ½
酢 … 大さじ 1
砂糖 … 小さじ ½
塩 … 小さじ ¼
こしょう … 少々

マッシュルームの香りがとばないように、先に調味料を用意して

《作り方》

1 ボウルにAの調味料を入れてよく混ぜる。

2 セロリとマッシュルームはそれぞれ粗いみじん切りにし、**1**に加えて混ぜる。

★冷蔵室で2日間保存可能。

《使い方》

スモークサーモンにのせて。カマンベールチーズなどにのせて。

スモークサーモンの
セロリマッシュルームだれのせ

セロリマッシュルームだれのアレンジ

- アンチョビー1切れを入れて、さらにイタリアン風味だれに。
- 酢のかわりに同量のレモン汁で、レモン風味だれに。
- こしょうを粗びき黒こしょうにして、黒こしょうだれに。

パセリガーリックだれ

肉料理にも魚料理にも、パスタにも合い、意外と汎用性の高いソースです

風味豊か

《材料・作りやすい分量》

- パセリ … 小 2 本（約 15g）
- にんにく … 小 1 かけ
- アンチョビーフィレ … 2 切れ
- オリーブ油 … 大さじ 3

《作り方》

1 パセリはみじん切りにする。にんにくはすりおろす。アンチョビーは粗く刻む。

2 フライパンにオリーブ油とにんにく、アンチョビーを入れて弱火で熱し、香りが立ったらパセリを加える。火を止めて混ぜ合わせる。

★冷蔵室で2日間保存可能。

火が強いと、香りが立つ前ににんにくがこげてしまうので注意

《使い方》

ゆでたパスタとあえて。たこと一緒に炒めて。

パセリガーリックだれのせパスタ

パセリガーリックだれのアレンジ

- 炒めるときに赤唐辛子を入れて、ピリ辛だれに。
- 松の実やごま適量を加えて、つぶつぶだれに。
- 風味づけ程度にしょうゆをふって、和風だれに。

玉ねぎゆずだれ

ゆずが旬の時期におすすめの、さわやかなたれ。
和風にも、洋風にも

さっぱり

《材料・作りやすい分量》

玉ねぎ（みじん切り）… ½ 個
A ゆずの搾り汁 … 大さじ 1
ゆずの皮（みじん切り）… 大さじ ½
酢 … 大さじ 1
しょうゆ … 大さじ ½
ごま油 … 小さじ ½

《作り方》

1 玉ねぎは塩少々（分量外）をふって5分ほどおき、よくもんでペーパータオルに包み、水けを絞る。

玉ねぎの辛味をやわらげるため

2 ボウルにAの材料を入れて混ぜ、**1**を加えて混ぜる。

★冷蔵室で4～5日保存可能。

《使い方》

シンプルな豚肉の塩焼きにかけて。鶏肉ともよく合います。

豚肉のグリル玉ねぎゆずだれのせ

玉ねぎゆずだれのアレンジ

- ごま油を同量のオリーブ油にかえて、オリーブ油風味だれに。
- 玉ねぎを薄切りにして、薄切り玉ねぎだれに。
- 辛味をたすなら、一味または七味唐辛子少々で、唐辛子だれに。

Part 5

混ぜるだけのお役立ちだれ

温泉卵、納豆、アボカドなど、身近な食材をベースに、
いくつかの材料を混ぜるだけでも、たれになります。
意外性とそのおいしさに驚くはず。
ご飯の供、パンの供も紹介します。

おなじみ食材を混ぜるだけ即席お役立ちだれ

缶詰やびん詰、温泉卵や納豆など、身近な食材を組み合わせて作る「即席だれ」も便利です。材料をたしてボリュームアップしたり、そのまま食べると味が濃いものも、具材をたして「たれ」にすると、使い方が広がります。

たとえば

ツナ缶
＋
玉ねぎ
＋
マヨネーズ
＋
カレー粉
＝
カレーツナ玉だれ

カレーツナ玉だれ

コクうま

シャキシャキ玉ねぎが入ると、
おかず感が増します

《材料・作りやすい分量》

ツナ缶 … 小1缶（約70g）
玉ねぎ（みじん切り）… 大さじ2
マヨネーズ … 大さじ2
カレー粉 … 小さじ1～1と½
塩 … 少々

《作り方》

ツナは油をきる。玉ねぎは塩をふり、2～3分おいたら水に2～3分さらしてしっかり水けを絞る。ボウルにすべての材料を入れ、混ぜ合わせる。

使い方は…

その1
ご飯に

カレーツナ玉だれのアレンジ

- しょうが汁少々をたして、しょうがツナ玉だれに。
- 乾燥ハーブ適量を混ぜて、ハーブツナ玉だれに。

\\その2//
冷ややっこにかけて

マンネリになりがちな冷ややっこに。目先が変わって楽しい！　ボリュームが出るのもうれしいところ。

\\その3//
生野菜にのせて

「食べるドレッシング」感覚で、生野菜にのせて。野菜がたくさん食べられて、栄養バランスもよくなります。

その4
ゆで野菜にのせて

ゆで野菜や、グリル野菜など、温野菜に合わせて。大ぶりに切った野菜を焼き、即席だれをかけて「野菜ステーキ」にするとゴージャス。

その5
パンと合わせて

サンドイッチの具としても活躍！　食パンの上にのせてトーストしたり、小さく切ったパンにのせ、オードブルにしても。

すりおろしきゅうりだれ

やみつきになる
さわやかさ

あっさり

《材料・作りやすい分量》

ツナ缶 … 小1缶（約70g）
きゅうり … ½ 本
マヨネーズ … 小さじ2
いりごま（白）… 小さじ1
こしょう … 少々

《作り方》

ツナは汁けをきる。きゅうりはすりおろす。ボウルにすべての材料を入れ、混ぜ合わせる。

すりおろしきゅうりだれのアレンジ

- わさび少々をプラスして、辛味きゅうりだれ。
- らっきょうや細かく刻んだ漬けもの適量を入れてかくやきゅうりだれ。

ツナつぶし豆腐だれ

ご飯との相性抜群！
意外とパンとも合います

あっさり

《材料・作りやすい分量》

ツナ缶 … 小1缶（約70g）
木綿豆腐 … ⅓丁（約100g）
万能ねぎ（小口切り）… 大さじ2
すりごま（白）… 大さじ1
めんつゆ（3倍濃縮）… 大さじ1

《作り方》

ツナは汁けをきる。豆腐はペーパータオルに包んで皿などをのせ、軽く水けをきる。ボウルに豆腐を入れてゴムべらなどで細かくつぶし、残りの材料を加えて混ぜる。

ツナつぶし豆腐だれのアレンジ

- めんつゆをみそ大さじ½にして、みそツナだれ。
- ねぎを焼きのり適量にして、のりツナだれ。

トマトツナだれ

みずみずしい野菜と
ツナが絶妙のバランス

コクうま

《材料・作りやすい分量》

ツナ缶 … 小1缶（約70g）
トマト（粗みじん切り）… ½ 個
玉ねぎ（みじん切り）… 大さじ1
パセリ（みじん切り）… 少々
砂糖 … 少々
オリーブ油 … 大さじ1と½

《作り方》

ツナは汁けをきる。ボウルにすべての材料を入れ、混ぜ合わせる。

トマトツナだれのアレンジ

- パセリをバジルにかえて、トマトバジルツナだれ。
- オリーブ油をごま油にかえて、中華トマトツナだれ。

ツナ梅肉だれ

おにぎりの具にも
おすすめ

あっさり

《材料・作りやすい分量》

ツナ缶 … 小1缶（約70g）
梅干し（甘くないもの）… 小2個
削り節 … 3～4g
青じそ（みじん切り）… 2～3枚分

《作り方》

梅干しは種を除き、ペースト状になるまで包丁でたたく。ボウルにすべての材料を入れ、混ぜ合わせる。

梅干しの酸でしその色が変わるので、食べる直前に混ぜると◎

ツナ梅肉だれのアレンジ

- いりごま大さじ½を入れ、ごま梅ツナだれ。
- 削り節→のり適量にかえて、のりツナだれ。

温泉卵の粒マスタードだれ

コクうま

クリームチーズでまろやかさをアップ

《材料・作りやすい分量》

- 温泉卵 … 1個
- クリームチーズ（室温にもどす）… 1個（18g）
- 玉ねぎ（みじん切り） … 大さじ1
- 粒マスタード … 大さじ1/2

おつまみ用など、小分けのものをストックしておくと便利

《作り方》

ボウルにクリームチーズを入れ、ゴムべらなどでなめらかになるまで練り混ぜる。残りの材料をすべて加えて混ぜ合わせる。

《写真の料理の作り方》

即席シーザーサラダ

好みの葉野菜（サラダ用、レタスやミックスリーフなど）を器に盛り、温泉卵の粒マスタードだれをかけてどうぞ。クルトンなどトッピングを散らしても

温泉卵の粒マスタードだれのアレンジ

- クリームチーズがなければ、同量のマヨネーズにして、マヨ粒マスタードだれに。
- 刻んだピクルス適量を入れると、温泉卵の簡単タルタルソース風。

刻みえのき卵だれ

えのきと卵の
食感の違いが楽しい

あっさり

《材料・作りやすい分量》

- 温泉卵 … 1個
- えのきだけ（3cm長さに切る）… 50g
- めんつゆ（3倍濃縮）… 大さじ2
- すりごま（白）… 大さじ1

《作り方》

耐熱ボウルにえのきを入れ、めんつゆを回しかける。ふんわりとラップをして、電子レンジで50秒加熱する。残りの材料をすべて加え、卵が全体になじむまで混ぜ合わせる。

熱と空気が対流しやすいように、ふんわりと

刻みえのき卵だれのアレンジ

- 梅干し1個分をプラスして、梅えのきだれ。
- ラー油少々をプラスして、ラー油えのきだれ。

納豆青のり卵だれ

まろやかな卵と
納豆のとろとろがマッチ

コクうま

《材料・作りやすい分量》

- 温泉卵 … 1個
- 納豆（ひき割り）… 1パック（40g）
- 青のり … 大さじ½
- しょうゆ … 大さじ1

《作り方》

ボウルにすべての材料を入れ、混ぜ合わせる。

納豆青のり卵だれのアレンジ

- ちりめんじゃこ大さじ1を入れて、納豆ちりめんだれに。
- 七味唐辛子で、辛味納豆だれに。

つぶしアボカド卵だれ

わさびの辛味で
小粋な一品に

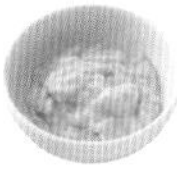

ピリ辛

《材料・作りやすい分量》

- 温泉卵 … 1個
- アボカド（種と皮を除く）… ½個
- ねりわさび … 小さじ½
- マヨネーズ … 大さじ½

《作り方》

ボウルにアボカドを入れ、フォークなどでよくつぶす。残りの材料をすべて加え、混ぜ合わせる。

硬くてつぶれにくいときは、電子レンジで30秒加熱

つぶしアボカド卵だれのアレンジ

- わさびをからし、豆板醤、ラー油などにかえて、お好みアボカドだれに。
- 玉ねぎのみじん切り適量で、玉アボカドだれ。

温玉ピリ辛かつおだれ

削り節で食感に
アクセントをつけて

ピリ辛

《材料・作りやすい分量》

- 温泉卵 … 1個
- 削り節 … 3〜4g
- 豆板醤 … 小さじ½
- ごま油 … 大さじ1
- しょうゆ … 大さじ½

《作り方》

ボウルにすべての材料を入れ、混ぜ合わせる。

温玉ピリ辛かつおだれのアレンジ

- 豆板醤をわさび、ねりがらし、一味唐辛子などにチェンジして、お好みかつおだれに。
- しょうゆを塩小さじ½にかえて、塩かつおだれに。

キムチみそ納豆だれ

コクうま

味つけはみそ。発酵食品のトリオ

《材料・作りやすい分量》

納豆 … 1パック（40g）
キムチ … 50g
みそ … 小さじ1
ごま油 … 小さじ1

《作り方》

キムチは細かく刻み、みそと混ぜる。ボウルに残りの材料を入れ、混ぜ合わせる。

みそがだまになることがあるので、キムチとみそをよく混ぜてから納豆と合わせて

《写真の料理の作り方》

厚揚げの納豆キムチのっけ

厚揚げはグリルで両面をこんがりと焼き、食べやすく切る。キムチ納豆だれをかけて。

キムチ納豆だれのアレンジ

- 酢を少し加えて味を引き締めて、サワーキムチ納豆だれに。
- すりごま大さじ1をプラスして、ごまキムチ納豆だれに。

粉チーズ納豆だれ

洋風アレンジ。
パンにも合います

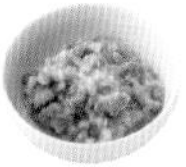

コクうま

《材料・作りやすい分量》

納豆 … 1パック（40g）
粉チーズ … 大さじ1
オリーブ油 … 大さじ2

《作り方》

ボウルにすべての材料を入れ、混ぜ合わせる。

油分と納豆の粘りがやや混ざりにくいので、よく混ぜて

粉チーズ納豆だれのアレンジ

- しょうゆ少々をプラスして、和風チーズ納豆だれに。
- 粉チーズを細かく切ったプロセスチーズ適量にかえて、角チーズ納豆だれに。

カレーマヨ納豆だれ

かくし味の酢が
味をまとめます

コクうま

《材料・作りやすい分量》

納豆（ひき割り）… 1パック（40g）
カレー粉 … 小さじ½
マヨネーズ … 大さじ1と½
酢 … 小さじ2
いりごま（白）… 小さじ1

《作り方》

ボウルにすべての材料を入れ、混ぜ合わせる。

カレーマヨ納豆だれのアレンジ

- 万能ねぎ適量を入れ、ねぎカレー納豆だれに。
- 刻んだらっきょうや福神漬け適量をたして、カレーコンビ納豆だれに。

黒酢納豆だれ

コクのある酸味で
味に深みが

あっさり

《材料・作りやすい分量》

納豆（ひき割り）… 1パック（40g）
長ねぎ（みじん切り）… 大さじ1
黒酢 … 大さじ2
しょうゆ … 大さじ½
砂糖 … 小さじ1

《作り方》

ボウルにすべての材料を入れ、混ぜ合わせる。

黒酢納豆だれのアレンジ

- 長ねぎを万能ねぎにかえて、ねぎ酢納豆だれ。
- ラー油少々で、辛味黒酢納豆だれに。

塩こうじ納豆だれ

後を引くおいしさ。
お酒がすすみます

コクうま

《材料・作りやすい分量》

納豆 … 1パック（40g）
塩こうじ … 大さじ2
万能ねぎ（小口切り）… 大さじ1分

《作り方》

ボウルにすべての材料を入れ、混ぜ合わせる。

塩こうじ納豆だれのアレンジ

- しょうが汁少々で、しょうが塩納豆だれに。
- レモン汁少々を入れ、レモン塩納豆だれに。

ねぎしょうがなめたけだれ

あっさり

香味野菜でさわやかにボリュームアップ

《材料・作りやすい分量》

なめたけ … 50g
長ねぎ（みじん切り）… 大さじ 2
しょうが（みじん切り）… 小さじ 1
ごま油 … 小さじ 1

《作り方》

ボウルにすべての材料を入れ、混ぜ合わせる。

ねぎやしょうがの量は
お好みで増減を

《写真の料理の作り方》

たたききゅうりの
ねぎしょうがなめたけ風味

きゅうりはめん棒などでたたいて割る。器に盛ってねぎしょうがなめたけだれをかける。

ねぎしょうがなめたけだれのアレンジ

- ねぎとしょうがをごま油で炒め、香味油のねぎなめたけだれに。
- オイスターソースをひとたらしして、中華ねぎなめたけだれに。

マヨのりなめたけだれ

まろやかで
やさしいおいしさ

コクうま

《材料・作りやすい分量》

なめたけ … 50g
焼きのり（8 枚切り）… 2～3 枚
マヨネーズ … 大さじ 1

《作り方》

のりは細かくちぎる。ボウルにすべての材料を入れ、混ぜ合わせる。

なめたけの水分で、混ぜるととろりとなじみますが、細かくちぎるほうが口当たりよし

マヨのりなめたけだれのアレンジ

- 一味唐辛子少々で、辛味マヨなめたけだれに。
- 刻んだねぎ適量を入れて、ねぎマヨなめたけだれに。

オクラとなめたけのトロトロだれ

あっさり

口当たりよし！
とろみのある素材の組み合わせ

《材料・作りやすい分量》

なめたけ … 50g
オクラ … 3 本
塩 … 適量
めんつゆ（3 倍濃縮）… 大さじ 1

《作り方》

オクラは塩をまぶしてこすり洗いし、熱湯でさっとゆで、粗熱が取れたら細かく刻む。ボウルにすべての材料を入れ、混ぜ合わせる。

うぶ毛が取れて色よく、口当たりよく仕上がります

オクラとなめたけのトロトロだれのアレンジ

- しょうが汁少々で、しょうがトロトロだれに。
- いりごま大さじ1で、ごまトロトロだれに。

おろしなめたけだれ

酒の肴にも、
麺類のトッピングにも

あっさり

《材料・作りやすい分量》

なめたけ … 50g
大根おろし … 大さじ 2
酢 … 小さじ 1

《作り方》

大根おろしは軽く水けをきる。ボウルにすべての材料を入れ、混ぜ合わせる。

水きり加減はお好みで

おろしなめたけだれのアレンジ

- 刻んだ青じそ適量で、青じそおろしなめたけだれ。
- 酢を黒酢にかえて、黒酢おろしなめたけだれ。

なめたけの甘みそだれ

ゆで野菜との
相性抜群

コクうま

《材料・作りやすい分量》

なめたけ … 50g
みそ … 大さじ 1
みりん（電子レンジでラップをせずに 10 秒加熱する）… 大さじ ½
砂糖 … 大さじ ½

《作り方》

ボウルにすべての材料を入れ、混ぜ合わせる。

アルコール分をとばすため

なめたけの甘みそだれのアレンジ

- ねり辛子少々で、辛子入りなめたけだれに。
- みそを白みそにして、白みそなめたけだれに。

刻みきゅうりの**わさび漬け**だれ

コクうま

ありそうでなかったさわやかな組み合わせ

《材料・作りやすい分量》

きゅうり … 1/2 本
わさび漬け … 大さじ 2

《作り方》

きゅうりはみじん切りにする。ボウルにすべての材料を入れ、混ぜ合わせる。

刻み加減はお好みで

《写真の料理の作り方》

板わさきゅうり

かまぼこは1cm幅に切り、切り込みを入れ、刻みきゅうりのわさび漬けだれをはさむ。

刻みきゅうりのわさび漬けだれのアレンジ

- 刻んだたくあんなど、漬けもの適量をプラスして、カリカリわさび漬けだれに。
- 風味づけ程度にしょうゆ少々を加えて、しょうゆわさび漬けだれに。

しそごま塩辛だれ

お酒好きの人にぜひ

うまみ濃厚

《材料・作りやすい分量》

- 塩辛 … 50g
- 青じそ（みじん切り）… 3 枚
- すりごま（白）… 適量

《作り方》

ボウルにすべての材料を入れ、混ぜ合わせる。

使う塩辛によって塩けが異なるので、好みの量を入れて

しそごま塩辛だれのアレンジ

- しょうが汁少々で、しょうがしそごま塩辛だれ。
- わさび少々で、辛味しそごま塩辛だれに。

マヨ風味わさび漬けだれ

マヨ＆オリーブ油でクセをやわらげます

コクうま

《材料・作りやすい分量》

- わさび漬け … 大さじ 2
- オリーブ油 … 大さじ 1
- マヨネーズ … 大さじ ½

《作り方》

ボウルにすべての材料を入れ、混ぜ合わせる。

マヨ風味わさび漬けだれのアレンジ

- ゆずの搾り汁少々でゆずマヨわさび漬けだれ。
- 刻んだねぎ適量を加えて、ねぎマヨわさび漬けだれに。

玉ねぎのり塩辛だれ

焼きのりが味に軽さを出します

あっさり

《材料・作りやすい分量》

- 塩辛 … 50g
- 玉ねぎ（みじん切り）… 大さじ 1
- 焼きのり（8 枚切り）… 1 枚

《作り方》

のりは細かくちぎる。ボウルにすべての材料を入れ、混ぜ合わせる。

辛みを生かしますが、ピリッとするのが気になるなら、塩少々をふって2～3分おき、水に2～3分さらしてから水けを絞って加えても

玉ねぎのり塩辛だれのアレンジ

- 玉ねぎを薄切りにすると、ボリューム玉のり塩辛だれに。
- 焼きのりを混ぜず、のりにのせて食べても。

青菜塩辛ごま油風味だれ

青菜でアクセントを。ご飯がすすむ

うまみ濃厚

《材料・作りやすい分量》

- 塩辛 … 50g
- 大根の葉（みじん切り）… 大さじ 2
- ごま油 … 小さじ ½ ～1

《作り方》

ボウルにすべての材料を入れ、混ぜ合わせる。

みずみずしさをプラスしたいので、葉は塩でもまなくてOK

青菜塩辛ごま油風味だれのアレンジ

- いりごま大さじ1で、ごま青菜塩辛だれに。
- 一味唐辛子少々で、辛味青菜塩辛だれに。

ご飯の供で手巻きパーティ

用意するのは、炊きたてのご飯と、ご飯の供。数種類を用意すれば、パーティもできちゃいます。のりにご飯とご飯の供をのせ、手巻きにして食べてもいいし、白飯おにぎりを作ってのせても。好きなスタイルでめしあがれ。

ねり梅おかか
作り方は P.235

キムチなめたけ
作り方は P.236

しょうがおかか
作り方は P.235

刻みたくあんしそ
作り方は P.235

明太なめたけ
作り方は P.237
のりチーズ
作り方は P.236
ラー油ごまねぎ
作り方は P.237
じゃこごま
オリーブ油
作り方は P.237

ねぎみそ

水分が多めで柔らかいので、パンに塗ったり、ドレッシングに入れたり、アレンジも自在です

コクうま

《材料・作りやすい分量》

長ねぎ … 5cm
みそ … 大さじ2
みりん（電子レンジでラップをせずに20秒加熱する）… 大さじ2
砂糖 … 大さじ1
しょうが汁 … 小1かけ分

《作り方》

ねぎはみじん切りにする。ボウルにすべての材料を入れて混ぜる。

ねぎみそのアレンジ

- 削り節をたして、お湯を注げば即席みそ汁に。
- マヨネーズ適量を混ぜて、マヨねぎみそに。パンに塗って。

ねり梅おかか

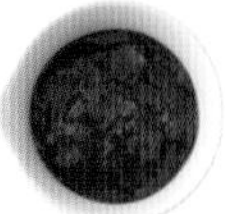

みりんで酸味をマイルドに

《材料・作りやすい分量》

梅干し … 中 3 個／削り節 … 2.5g（1 パック）／しょうゆ … 小さじ 1／みりん（電子レンジでラップをせずに 20 秒加熱する）… 大さじ ½

《作り方》 梅干しは種を除き、包丁でペースト状になるまでたたく。ボウルにすべての材料を入れて混ぜる。

ねり梅おかかのアレンジ

- バター適量を加えて、ねり梅おかかバターパスタソースに。
- すりごま適量を混ぜて、ねり梅ごまおかかに。

刻みたくあんしそ

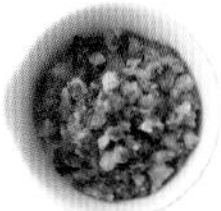

たくあんにたっぷり青じそを加えて

《材料・作りやすい分量》

たくあん … 40g
青じそ … 3 枚

《作り方》 たくあんとしそはそれぞれ粗みじんに切る。ボウルにすべての材料を入れて混ぜる。

刻みたくあんしそのアレンジ

- いりごま適量を混ぜて、刻みごまたくあんしそに。冷ややっこにのせても。
- ラー油少々をプラスして、ピリ辛刻みたくあんしそに。

しょうがおかか

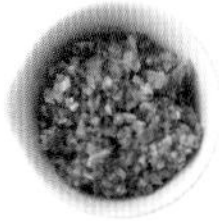

ピリッとしたしょうがの風味がやみつきになりそう

《材料・作りやすい分量》

しょうが … 大 1 かけ（約 15g）／削り節 … 25g（1 パック）
酒 … 大さじ ½／しょうゆ … 小さじ 1

《作り方》 しょうがはみじん切りにする。ボウルにすべての材料を入れて混ぜる。

しょうがおかかのアレンジ

- 少しはちみつをたして、はちみつしょうがおかか。チーズやセロリ、きゅうりのボードにのせてオードブルに。
- バター小さじ1をプラスして、しょうがおかかバターに。

のりチーズ

おむすびの具にも◎

《材料・作りやすい分量》

焼きのり（8 枚切り）… 5 枚／プロセスチーズ … 30g ／しょうゆ … 小さじ 1 ／みりん（電子レンジでラップをせずに 20 秒加熱する）… 大さじ ½

《作り方》 のりは細かくちぎる。チーズは5mm角に切る。ボウルにすべての材料を入れて混ぜる。

のりチーズのアレンジ

- ねりわさび少々をたして、のりチーズわさびに。かまぼこやちくわにのせて。
- パンにのせて七味少々をぱらり。のりチーズ七味に。

キムチなめたけ

2つの材料を合わせただけなのに、絶品！

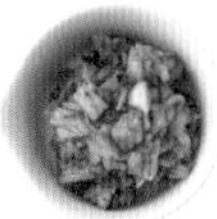

《材料・作りやすい分量》

白菜キムチ（細かく刻む）… 25g
なめたけ（びん詰め）… 20g（大さじ 1）

《作り方》 ボウルにすべての材料を入れて混ぜる。

キムチなめたけのアレンジ

- 刻みのりをたっぷりふって、キムチなめたけのりに。どんぶりに。
- 納豆 ¼ パックと合わせて、キムチなめたけ納豆に。

わさびなめたけ

わさびで洗練された大人の味に

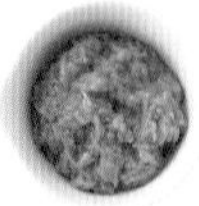

《材料・作りやすい分量》

ねりわさび（チューブ）… 1cm
なめたけ（びん詰め）… 30g（大さじ 1 と ½）

《作り方》 ボウルにすべての材料を入れて混ぜる。

わさびなめたけのアレンジ

- せん切りにした長いもや大根にのせ、ごま油をひとふり。ごま油風味のわさびなめたけに。
- ちぎりのり適量を混ぜ、のりわさびなめたけに。お茶漬けに。

明太なめたけ

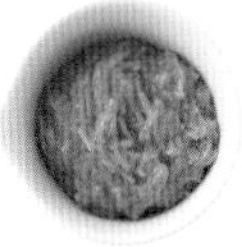

おかわり必至の魅惑の組み合わせ

《材料・作りやすい分量》

辛子明太子 … 25g
なめたけ（びん詰め）… 20g（大さじ 1）

《作り方》 明太子は薄皮を除き、身をこそげ出す。ボウルにすべての材料を入れて混ぜる。

明太なめたけのアレンジ

- せん切りにした青じそ適量を混ぜ、しそ明太なめたけに。豆腐にのせて。
- マヨネーズ大さじ1を混ぜ、マヨ明太なめたけに。

ラー油ごまねぎ

辛いもの好きさんにおすすめ

《材料・作りやすい分量》

いりごま（白）… 小さじ 1／長ねぎ … 5cm／
しょうゆ … 小さじ 2／ラー油 … 適量

《作り方》 ねぎは粗みじんに切る。ボウルにすべての材料を入れて混ぜる。

ラー油ごまねぎのアレンジ

- 削り節適量を混ぜ、ラー油おかかごまねぎに。焼いた厚揚げにのせて。
- レモン汁を搾り入れ、ラー油レモンごまねぎに。

じゃこごまオリーブ油

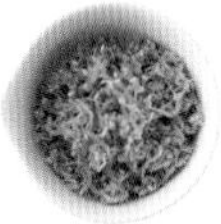

味つけは塩で。じゃこの風味が引き立ちます

《材料・作りやすい分量》

ちりめんじゃこ … 20g／いりごま（白）… 6g（小さじ 2）／
塩 … 少々／オリーブ油 … 大さじ 1

《作り方》 ボウルにすべての材料を入れて混ぜる。

じゃこごまオリーブ油のアレンジ

- 粉ざんしょうをふって、即席ちりめんざんしょう風。焼きおにぎりにのせて。
- 一味唐辛子をひとふりして、ピリ辛じゃこごまオリーブ油に。

自家製なめたけ

あっさり

手作りなめたけは格別のおいしさ！
あっさりした味つけで、たっぷり食べられます

《材料・作りやすい分量》

えのきだけ
　… 大 2 パック（約 400g）
だし汁 … $\frac{1}{2}$ カップ
しょうゆ … 大さじ 5
みりん … 大さじ 5

《作り方》

1 えのきだけは根元を切り落とし、2〜 3cm長さに切る。

長さは好みで調整してOK。ご飯となじみやすいのは2〜3cm長さ

2 フライパンにすべての材料を入れて中火にかける。煮立ったらときどき混ぜながらアクを除き、ほぼ汁けがなくなるまで煮て火を止める。

★ 冷蔵室で1週間保存可能。

自家製なめたけのアレンジ

- 粉ざんしょうをふって、さんしょう風味に。焼きおにぎりにのせて。
- 一味唐辛子をひとふりして、ピリ辛なめたけに。大根おろしにのせて。

自家製のりのつくだ煮

あっさり

食べ忘れていたのりがあったらぜひ活用を。のりの香りがよみがえります。
時間はかかりますが手間なし。冷蔵で２週間日もちします

《材料・作りやすい分量》

焼きのり（全形）… 10枚
だし汁 … ２カップ
酒 … ¼カップ
砂糖（三温糖）… 大さじ２
みりん … 大さじ２
しょうゆ … 大さじ４と½

新しいものでなくてOK。しけてしまったものなどを活用して

《作り方》

1 のりは小さめにちぎる。

2 鍋にのりを入れ、だし汁を入れて強火にかける。煮立ったら、酒、砂糖、みりん、しょうゆを順に入れ、ときどき底から大きく混ぜながら弱火で30～40分煮る。木べらで鍋底をこすると、道（空間）ができて底が見えるようになったら火を止める。すぐに鍋から出してさます。

意外とこげやすいので、ときどき混ぜて。すぐに火は通りますが、とろりと口当たりがよくなるのは、30分くらい煮てから。じっくり火を通して

自家製のりのつくだ煮のアレンジ

- マヨネーズ大さじ1を混ぜて、のり風味ディップに。スティック野菜につけて。
- オリーブ油大さじ1でのばして、のりドレッシングに。焼き魚にかけて。

くるみバター

おやつ系

ごろごろと大きなくるみを入れて、ゴージャスに。
からいりすると、薄皮をむきやすくなり、渋みも抑えられます
フレーバーバターはパンにのせてトーストすると絶品!

《材料・2 枚分》

くるみ … 20g
バター … 40g
はちみつ … 小さじ1

《作り方》

1 バターは室温にもどす。くるみはフライパンでこげないように軽くからいりし、こするようにして薄皮を除いて粗く刻む。

2 ボウルにすべての材料を入れて混ぜる。

くるみバターのアレンジ

- ココア少々をふって、ココアくるみバターに。
- スライスチーズをのせて焼いたトーストにかけて、チーズくるみバターに。

たらこバター

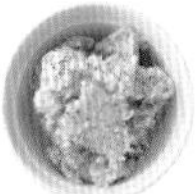

老若男女、幅広い層に喜ばれる組み合わせ

《材料・2枚分》

たらこ … ½腹（30～40g）／バター … 40g／
粗びき黒こしょう … 少々

《作り方》 バターは室温にもどす。たらこは薄皮を除き、身をこそげ出す。ボウルにバターとたらこ、こしょうを入れて混ぜる。

たらこバターのアレンジ

- ちぎったのり適量を混ぜて、のりたらこバター。トーストに。
- バターをマヨネーズ大さじ1にかえて、たらこマヨに。

バジルバター

フレッシュバジルが残っていたら、お試しを

《材料・2枚分》

フレッシュバジルの葉 … 7～8枚／バター … 40g／
塩、こしょう … 各少々

《作り方》 バターは室温にもどす。バジルは葉を摘み、よく洗ってペーパータオルで水けを除く。バジルは細かく刻む。ボウルにバターとバジルを入れて塩、こしょうをふって混ぜる。

バジルバターのアレンジ

- レモン汁適量を加え、レモンバジルバター。ゆで上がったパスタをからめて即席パスタソースに。
- 薄くトマトケチャップを塗ってからのせて焼き、ピザ風。

刻みハムバター

ハムは刻んでソースにすると新鮮

《材料・2枚分》

バター … 40g／ロースハム … 2枚／
パセリ（みじん切り）… 小さじ1

《作り方》 バターは室温にもどす。ハムは細かく刻む。ボウルにバターとハムを入れて混ぜ、パセリを加えてさらに混ぜる。

刻みハムバターのアレンジ

- 粉チーズ少々をふって、刻みハムチーズに。
- あつあつご飯に混ぜ込んで、しょうゆをひとたらし。刻みハムバターしょうゆ。おにぎりに。

ハニードライフルーツ

ドライフルーツとはちみつを合わせると美味

《材料・2 枚分》

好みのミックスドライフルーツ（レーズン、あんずなど）… 30g ／バター … 40g ／はちみつ … 大さじ 2

《作り方》 バターは室温にもどす。ドライフルーツはボウルに入れ、かぶるくらいの熱湯を注いで10分ほどおく。水けをきって粗く刻み、はちみつ、バターとボウルに入れ混ぜる。

ハニードライフルーツのアレンジ

- レモン汁少々と合わせ、ハニーレモンドライフルーツに。
- 粗びき黒こしょうをふってハニーこしょうドライフルーツに。カマンベールチーズなど、ナチュラルチーズにかけて。

コーンパセリマヨネーズ

コーンの甘みとマヨネーズのおいしさに脱帽

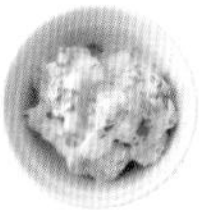

《材料・2 枚分》

コーン缶 … 大さじ 4
パセリ（みじん切り）… 小さじ 2
マヨネーズ … 大さじ 2

《作り方》 ボウルにすべての材料を入れて混ぜる。

コーンパセリマヨネーズのアレンジ

- ちぎった梅干し1個分を混ぜ、コーンパセリ梅マヨネーズに。おにぎりの具に。
- カレー粉少々をふって、コーンパセリカレーマヨネーズに。

はちみつごまレモン

ごまの香ばしさとはちみつの甘さが好相性

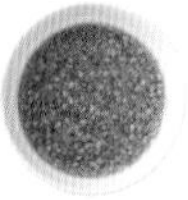

《材料・2 枚分》

すりごま（白）… 大さじ 1と ½ ～ 2
はちみつ … 大さじ 3
レモン汁 … 小さじ 1

《作り方》 ボウルにすべての材料を入れて混ぜる。

はちみつごまレモンのアレンジ

- しょうが汁少々をプラスして、はちみつジンジャーごまレモンに。
- マヨネーズと混ぜて、はちみつごまマヨレモンに。変わりごまあえごろもに。

ガーリックマヨネーズ

フランスパンに塗ってトーストに

《材料・2枚分》

マヨネーズ … 大さじ2
オリーブ油 … 大さじ½
にんにく（すりおろし）… 小さじ⅓

《作り方》 ボウルにすべての材料を入れ、混ぜる。

ガーリックマヨネーズのアレンジ

- パセリを混ぜて、ガーリックパセリマヨネーズに。たこにかけて焼けばエスカルゴ風。
- 粗びき黒こしょうを混ぜて、ガーリックこしょうマヨネーズに。

黒ごまチーズ

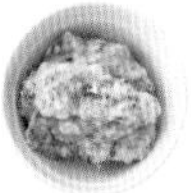

すりごまで作るのがコツ。濃厚な風味がおいしい

《材料・2枚分》

クリームチーズ（キューブ）… 18g × 3個／すりごま（黒）… 大さじ1／はちみつ … 大さじ1／レモン汁 … 小さじ1

《作り方》 クリームチーズは室温にもどし、なめらかに練り混ぜる。ボウルにすべての材料を入れて混ぜる。

黒ごまチーズのアレンジ

- 好みのナッツ適量を混ぜ、黒ごまナッツチーズに。
- 粉チーズ適量を混ぜ、黒ごまダブルチーズに。

ココアシュガー

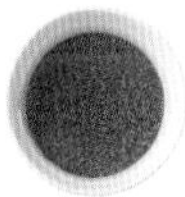

トーストにも、パンケーキにも合うココア味

《材料・2枚分》

ココア … 小さじ1
グラニュー糖 … 大さじ1

《作り方》 ボウルにすべての材料を入れて混ぜる。

ココアシュガーのアレンジ

- 刻んだミントの葉適量を混ぜて、ココアミントシュガーに。
- いちごやバナナとあえて、ラム酒をひとふり。ココアラムシュガーに。おもてなしのデザートに。

シナモンシュガー

おやつ系

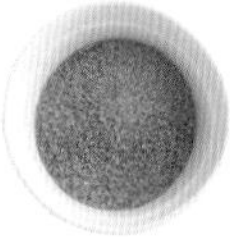

フレーバーシュガーの定番。トーストにふったり、
焼きりんごにかけたり、古くから愛されている味です

《材料・2 枚分》

シナモンパウダー … 小さじ1
グラニュー糖 … 大さじ1

《作り方》

ボウルにすべての材料を入れて混ぜる。

《写真の料理の作り方》

フレンチトースト（2人分）

食パン（6枚切り）2枚は半分に切る。バットに卵1個を割り入れ、牛乳$\frac{1}{2}$カップを入れてよく混ぜる。パンを全体に卵液が行き渡るまで5〜7分ひたす。フライパンにバター大さじ$\frac{2}{3}$を中火で熱し、パン2切れを入れて両面を色よく焼く。残りも同様に焼き、器に盛って好みの量のシナモンシュガーをふる。

シナモンシュガーのアレンジ

- くし形に切ったりんごにまぶし、バターを落としてシナモンシュガーバターに。オーブンで焼いて。
- カフェオレに入れて。メイプルシロップ適量をプラス。メイプルシナモンシュガーに。

コーヒーシュガー

おやつ系

パンはもちろん、ヨーグルトとも
よく合います。苦みと酸味のバランスが絶妙

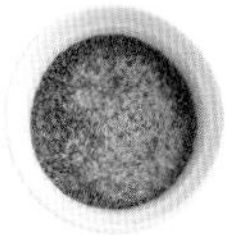

《材料・2 枚分》

インスタントコーヒー（粉状のもの）
… 大さじ½
グラニュー糖 … 大さじ1

《作り方》

ボウルにすべての材料を入れて混ぜる。インスタントコーヒーが粒状の場合は、つぶしながら茶こしでこし、細かくするとよい。

《写真の料理の作り方》

コーヒーシュガーヨーグルト

プレーンヨーグルト適量に、好みの量のコーヒーシュガーをかける。

コーヒーシュガーのアレンジ

- 生クリームにコーヒーシュガーを入れて7分立てにして、生クリームコーヒーシュガー。サンドイッチ用パンにはさんでクリームサンドに。
- トーストにふり、練乳をプラスして練乳コーヒーシュガー。ベトナムコーヒー風トーストに。

+1の クイックアレンジ

塩

【選び方】ミネラル分が多い「天然塩」はうまみが豊かで、塩そのものを味わう料理におすすめ。フライパンでからいりすると、サラサラになります。

【保存方法】湿気のないところで保存。固まってしまったときは耐熱容器に入れ、電子レンジで20～30秒加熱して、木べらなどでくだきます（出した直後は熱いので注意）。固まりが解消できないときは、加熱時間を少しずつ増やして。

カレー塩

カレー粉と塩を1：3の割合で混ぜ合わせて。抹茶塩同様、揚げものとよく合います。野菜とも相性がよく、淡白な素材の味を引き立てます。ゆで野菜やフライドポテトにふって。

抹茶塩

抹茶と塩を1：1の割合で混ぜ合わせて。風味がよく、抹茶の風味で油っぽさが抑えられるので、天ぷらに合わせるのが定番。ぶりなど、脂ののった魚の刺身にふりかけても。

ゆかり塩

市販のゆかりと塩を1：1の割合で混ぜ合わせて。きゅうりやキャベツ、大根などを食べやすく切り、ゆかり塩をふってあえれば、即席漬け風に。梅干しを漬けたときの赤じそを使う場合は、広げて天日に干し、パリパリに乾いたらすり鉢ですって粉末状にして塩と合わせます。

自家製ごま塩

いりごまと塩を5：1の割合で混ぜ合わせて。そのままだと塩とごまがなじみにくいので、まずすり鉢で塩を細かくなるまですり、ごまを加えて香りが立つ程度にすって。

さんしょう塩

さんしょうと塩を1：10の割合で混ぜ合わせて。さんしょうは風味が強いので、少しずつ混ぜて。塩とさんしょうをすり鉢ですると、香りが強く立ってきます。焼き鳥や天ぷらに。

青のり塩

青のりと塩を1：1の割合で混ぜ合わせて。磯の風味で淡白な素材にもメリハリがつきます。素揚げにした長いもにまぶしたり、おにぎりの表面につけたり、冷ややっこにふっても。

みそ

【選び方】さまざまな種類が販売されているので、好みのものを選んで構いませんが、アレンジするなら、大豆、こうじ、塩だけが原料の、シンプルなみそがおすすめ。

【保存方法】空気を遮断して、冷暗所で保存。常温では発酵が進みます。また、光に当たったり時間がたつと「メイラード反応」という現象で色が濃くなり、味も変化します。長期間使わない場合は、冷凍を。

みそマヨネーズ

マヨネーズとみそを1～2:1の割合で混ぜ合わせて。生野菜スティックなどにつけて食べたり、薄切り肉を漬け込んでから焼くと、みそとマヨネーズの効果でやわらかくなります。

にんにくみそ

みそ100gに、にんにく1～2かけ（半分から1/4に切ったもの）を混ぜるだけ。1週間程度でみそににんにくの風味が移ります。炒めもの、ホイル焼きなどに。冷蔵庫で3か月ほど保存可能。

らっきょうみそ

生のらっきょうが出回る季節にどうぞ。塩をふって薄皮をむき、ゆでたらっきょうをペーパータオルで拭き、みそ漬けに。1週間ほどで食べごろに。漬かったらっきょうを細かく刻んで漬け床のみそと混ぜ、魚や肉に塗って焼いても（好みで砂糖やみりんをたして）。

みそケチャップ

トマトケチャップとみそを1～2:1の割合で混ぜ合わせて。トマトより、みその風味が強く、うまみが増してマイルドな味に。さばのみそ煮などに使うと、減塩になります。

みそバター

バターとみそを1～2:1の割合で混ぜ合わせて。バターを室温にもどし、混ぜ合わせるとなめらかに。ゆでたじゃがいもにのせたり、魚介と相性がいいので、ゆでたいかやえびにのせて。

即席酢みそ

「ぬた」などで少しだけ酢みそを作りたいときには、白みそと市販のすし酢を1:1の割合で混ぜれば、即席の酢みそに。辛味をきかせたいときは、練りがらし少々を混ぜて。

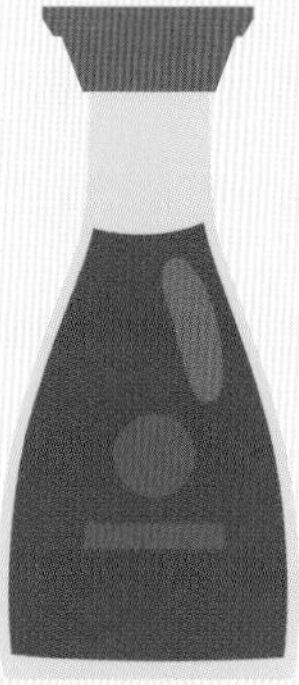

しょうゆ

【選び方】「こいくちしょうゆ」が一般的ですが、関西では色や風味が柔らかいものの、塩分は強めな「うすくちしょうゆ」がよく使われます。九州地方では甘みを加えたものが人気。

【保存方法】空気に触れると酸化が進み、色が濃くなり、風味が変わってしまいます。開封後は冷蔵庫や冷暗所で光に当たらないように保存を。容量の少ないものを早めに使いきるのがおすすめ。

ねぎじょうゆ

長ねぎを粗みじん切りにして保存容器に入れ、かぶるくらいのしょうゆを注いで。汁が上がってきたころから食べごろ。冷蔵庫で2週間保存可能。そのままご飯にのせてもおいしい。

唐辛子じょうゆ

しょうゆ1カップに、赤唐辛子（鷹の爪）1本を漬け込んで。青唐辛子が出回る時期なら、青唐辛子を漬けると、タイの唐辛子のナンプラー漬け風。にんにくやかんきつの酸味をたして、エスニック料理に。

昆布じょうゆ

しょうゆ1カップに、昆布2cm角を入れておくと、昆布風味のしょうゆに。刺身のつけじょうゆや、削り節をたして湯豆腐のつけだれにしたり、シンプルに焼き魚にかけても。

レモンじょうゆ

レモン汁としょうゆを1：2の割合で混ぜ合わせて。ステーキやソテーなど、焼いた肉にかけたり、刺身のつけじょうゆとして。刺身につけるときは、煮切った酒をたしても。

にんにくじょうゆ

しょうゆ1カップに、にんにく1～2かけを丸ごと漬け込んで。1週間程度で風味が移ります。スペアリブやから揚げなどの漬けだれにしたり、炒めものに。1年以上保存可能。

梅じょうゆ

梅干し（身を使ったあとの種）をしょうゆに漬け込んでおくと、梅の風味が移ってさわやかな味わいに。あえものや、炒めものに。お弁当にもおすすめ。

トマトケチャップ

【選び方】近年、種類が増えてきたトマトケチャップ。ペースト状のものだけでなく、トマトや玉ねぎなど、粒状の野菜が具材のように入っているタイプも。甘みや酸味控えめも登場。

【保存方法】未開封なら常温で1年程度保存可能。開封後は冷蔵保存を。風味が変わるので、1か月を目安に使いきるのがおすすめ。水分が分離することがあるので、口を上に向けて保存を。

豆板醤ケチャップ

ケチャップは加える辛味によってガラリと味が変わるのが魅力。豆板醤を混ぜれば、中華テイストに。ケチャップ大さじ2～3に、豆板醤小さじ1/4程度を混ぜて。炒めものに。

タバスコケチャップ

「ケチャップの甘さが苦手」という方にも喜ばれます。ケチャップ大さじ2～3に、タバスコ適量をふって混ぜるだけ。味が引き締まります。オムライス、フライなどに。

ダブルトマトケチャップ

ケチャップ1/2カップに刻んだトマト1/4個分を混ぜれば、酸味が加わり、甘みが抑えられて簡単なソースに。フレッシュな味わいで、ハンバーグやオムレツにかけるとごちそう風。

カレーケチャップ

ケチャップ大さじ2～3に、カレー粉小さじ1/4程度を混ぜると、南米風のテイストに。魚や肉のグリルにつけたり、ひき肉と炒めれば即席キーマカレー風。

オイスターケチャップ

オイスターソースとケチャップを1：2くらいの割合で混ぜ合わせて。チキンナゲットと相性がよく、市販のナゲットソースのような深みのある味に。ゆでた魚介にかけても。

シナモンケチャップ

ケチャップ大さじ2～3にシナモンパウダーをひとふりすると、中東風。シンプルに塩、こしょうをふって焼いた肉と合わせるだけで、ケバブ風。肉をマリネして焼いても。

ソース

【選び方】中濃ソース、とんかつソース、ウスターソースの原材料はほぼ同じ。素材の繊維量をどれくらい残すかによって、濃度と甘みが変わります。とろみが強いほど甘みも強め。

【保存方法】未開封なら常温で1年程度保存可能。開封後は冷蔵保存を。風味が変わるので、ウスターソースは3か月、中濃ソースやとんかつソースは2か月を目安に使いきって。

バルサミコソース風

酢と中濃ソースを1：1の割合で混ぜると、バルサミコソースのような味に。酸味や塩味のバランスが似ているため、非常に近い味になります。

しょうがソース

ウスターソース1/3カップにおろししょうがを小さじ1程度混ぜると、さらにスパイシーに。豚肉の薄切りに炒め合わせれば、変わりしょうが焼きの完成。

オイスターソース風

オイスターソースは1本買っても使いきれない…というときは、ウスターソース大さじ2～3に鶏ガラスープの素小さじ1程度を混ぜて代用。このソースなら、焼きそばも上海風に。

すりごまソース

とんかつ屋さんで出てくることがある、ごま風味のソース。すりごまと中濃ソースを混ぜるだけで、あの味わいに近くなります。割合はすりごま1：ソース3を目安にお好みで。

しょうゆソース

中濃ソースだけだと甘い、ウスターソースだとスパイシーすぎるというときは、しょうゆとソースを1：1の割合で混ぜて。お好み焼きや焼きうどんの味が引き締まり、うまみアップ。

ラー油ソース

複雑なうまみがあるソースは、ともすれば唐辛子の辛味が消えてしまいますが、ラー油の味で変化がつき、ソースの野菜のうまみも引き立ちます。ソース大さじ2～3にひとふり。香ばしく焼いた卵料理と相性のいいソースです。

酢

【選び方】穀物酢は小麦、とうもろこしなどが原料で、さっぱり味。米酢は米が原料で、コクがあります。黒酢は玄米やもち米が原料で、独特の風味が。ワインビネガーは酸味が強め。

【保存方法】未開封なら常温で1年程度保存可能。開封後は冷暗所で保存し、半年程度で使いきって。近年は砂糖やだしなどを混ぜた調合酢が人気ですが、保存期間が短め。冷蔵保存を。

しょうが酢

使い残したしょうががあったら、酢に漬けておくだけ。酢にほんのりしょうがの風味が移って、意外と重宝します。酢のものやドレッシングに使ったり、炒めものにさっとかけて。

ダブルりんご酢

すりおろしりんごとりんご酢を2:1の割合で混ぜ合わせて。焼き肉にのせたり、ヨーグルトに混ぜて。甘みが欲しければはちみつを、塩けが欲しければしょうゆを加えても。

はちみつ黒酢

ビネガードリンクは、酢に氷砂糖やはちみつとくだものを漬けたものが主。完成までに時間がかかりますが、もともとまろやかな黒酢なら、はちみつと1:1で混ぜるだけ。すぐ飲めます。

レモンビネガー

ドレッシングを作るときに、レモン汁だけだと酸味が強すぎることも。レモン汁と酢を1:1の割合で混ぜると、フルーティでまろやか。また、酢とレモンで「レモンビネガー」を作っておくと便利。酢1カップに薄切りにしたレモン1個（約90g）と同量の氷砂糖（90g）を漬け込むだけ。水で割って飲んだり、ドレッシングやソテーにも。

ハーブビネガー

ローズマリーやタイム、セージなどのフレッシュハーブが余ったら、洗ってよく水けを拭き取り、酢に漬けて。酢1/2カップに1～2枝が目安。ドレッシングに。

こしょう酢

減塩をしたいときの「つけだれ」に。酢大さじ2～3に粗びき黒こしょうをひとふり。ぎょうざ、春巻きなどにはしょうゆを使わず、この「こしょう酢」だけでもメリハリのある味に。

マヨネーズ

【選び方】マヨネーズは食用油と卵、酢が主原料。アレルギー対策が進み、卵を使わないタイプも多くなりました。カロリーダウンタイプは、糖類などを添加。塩分は一般のマヨネーズより高め。

【保存方法】未開封なら常温で10か月程度保存可能。開封後は冷蔵保存を。開封後は1か月を目安に使いきるのがおすすめ。冷蔵保存していても、油が分離し始めたら使うのを控えて。

しょうゆマヨネーズ

マヨネーズ大さじ2～3に、しょうゆ小さじ1を混ぜて。ツナサンドの味つけや、ブロッコリーやキャベツなど、ゆで野菜に添えたり、あえたりして。いかやえびとも好相性。

ヨーグルトマヨネーズ

マヨネーズは大さじ1杯（約12g）で84kcalと高カロリー。1/2量をプレーンヨーグルトに置き換えると、さっぱりした味わいに。ヨーグルトは水きりすると、濃厚な風味に。

七味マヨネーズ

あぶったするめに添える定番の味。七味唐辛子の量はお好みで。しいたけの上にのせてグリルで焼いたり、ホイル焼きにすると、手軽なおつまみに。

わさびマヨネーズ

マヨネーズ大さじ2～3に、わさび小さじ1/2程度を混ぜて（好みで量を調整して）。からしマヨネーズのかわりにサンドイッチに塗ったり、ゆでた鶏肉や豚肉ともよく合います。

粉チーズマヨネーズ

マヨネーズ大さじ1に対して、粉チーズ小さじ1/2を目安に、好みの量を混ぜ合わせて。とてもうまみの強いソースになるので、刻んだハーブや野菜と組み合わせても。

はちみつマヨネーズ

マヨネーズとはちみつを2：1の割合で混ぜ合わせて。酸味が強いトマトなどのサラダに使うと、まろやかに。トーストに塗ったり、焼きいもにのせても。

油

【選び方】原料も風味もさまざま。「サラダ油」など、広く調理に使われるタイプは、なたね、キャノールなどをブレンド。フレーバーオイルを作るときは、オリーブ油や太白ごま油などがおすすめです。

【保存方法】未開封なら1～2年保存可能ですが、酸化しやすいので、開封後は直射日光を避けて冷暗所に保存し、早めに使いきって。味やにおいが変わったら、使うのを避けて。

ねぎ油

ぶつ切りにした長ねぎ1本分（にんにく1かけを入れても）をフライパンに入れ、サラダ油1カップを注いで弱火でじっくり15分ほど加熱。ねぎやにんにくを取り出して保存します。チャーハンや炒めものに。

にんにくオイル

にんにくをまとめて刻み（フードプロセッサーを使ってもOK）、にんにくが完全にひたるくらいオリーブ油を注いでおけば、さっと使えて便利。冷蔵庫で2週間程度保存可能。

ハーブオイル

好きなフレッシュハーブをよく洗って水けを拭き、好みの種類の油に漬けるだけ。フライドポテトの揚げ油にもぴったり。ドレッシングにも、ソテーにも。

レモンオイル

オリーブ油1カップに、天日で半日ほど乾燥させたレモンの皮（ワックス不使用のもの）1～2個分を入れるだけ。10日ほどしたら皮は取り除いて。パスタやサラダに。

さんしょうオイル

初夏に出回る生の実ざんしょうを塩ゆでにし、水けをよく拭いて好みのオイルに漬けるだけ。オイル1カップにさんしょうは80gくらい。中華風冷ややっこ、ゆで豚、麺類などにかけて。2週間ほど保存可能。

チリオイル

イタリアン料理店などにおいてあることの多いチリオイル。オリーブ油に赤唐辛子（乾燥）を漬けるだけ。3日ほどで風味が移ります。冷暗所において半年ほど保存可能。

手作りだれをおいしくする調味料と食材

この本では基本調味料で作れるたれを紹介していますが、
味のアクセントに、辛味調味料などを使っています。
ひとさじでぐっと味が本格的になるので、ぜひ使ってみて。

バルサミコ酢

原料はぶどう果汁。果汁を煮詰め、木の樽に入れて数年にわたり、時間をかけて熟成させます。独特の香りとほかの食酢にはない甘みが生まれるので、アイスクリームにかけるなど、デザートにもよく使われます。

アンチョビー

カタクチイワシを塩漬けにし、オリーブ油などの油に漬けたもの。強いうまみと塩けがあります。開封後もオイルにひたした状態を保てば、冷蔵室で1か月程度は保存可能。身が溶けてくる前に使いきりましょう。缶の場合はプラスチックかガラス容器に移し替えて。

かんずり

新潟県の上越地方で伝統的に作られている調味料。唐辛子を雪にさらし、塩やこうじ、ゆずなどと混ぜて発酵させたもので、辛味だけでなくうまみがあります。しょうゆに溶かし、刺身、焼き魚につけたりしていただきます。

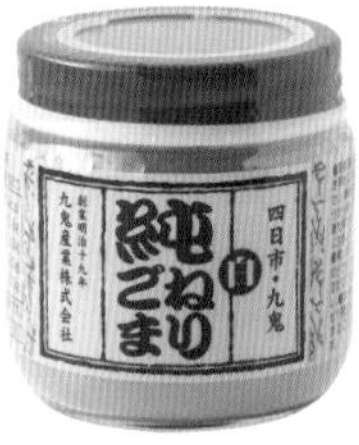

ねりごま

ごまを焙煎してからすりつぶし、ペースト状になるまで練りあげたもの。瓶入りのものが多く流通していますが、少量で手軽なチューブタイプのものも販売されるようになりました。油が分離することがありますが、混ぜて使って。

コチュジャン

朝鮮半島でよく使われる調味料で、もち米こうじと粉唐辛子などで作られます。熟成・発酵が進むうちに唐辛子の辛味がまろやかになり、もち米こうじから甘みが出てきます。ビビンバに添えたり、炒めもの、鍋ものにと広く使われます。

ゆずこしょう

青ゆずの皮をすりおろし、青唐辛子や塩と漬け込んだもの。清涼感のある辛味が特徴です。九州地方で広く使われていますが、全国的に人気が高まり、一般的になりました。鍋ものやみそ汁のほか、焼き鶏などに薬味感覚で使えます。

豆板醤

中国発祥の調味料。唐辛子とそら豆、塩などを混ぜて発酵させたもので、辛味は強め。炒めると風味が際立つので、炒めものではまず油と一緒に豆板醤を炒めてから材料を加えます。

粒マスタード

からし菜の種を粗くひき、酢などの調味料に漬けたもの。辛さはほかの辛味調味料に比べてマイルドです。プチプチとした食感と、辛味、酸味が料理の味にめりはりをつけてくれます。肉料理と好相性。

武蔵裕子 むさしゆうこ

料理研究家。双子の息子と両親の3世代の健康を支えてきた経験から生まれた、簡単でおいしいレシピが、幅広い世代に支持されている。特に味つけやオリジナルたれのおいしさに定評がある。著書に『「水だし」って、すごい！』（女子栄養大学出版部）、『フライパンひとつで、麺』（文化出版局）、『手作りミールキットで平日夜ラクごはん』（家の光協会）など多数。

STAFF
撮影　千葉 充
スタイリング　石川美加子
本文デザイン　釜内由紀江、五十嵐奈央子、清水 桂（GRiD）
校正　西進社
編集協力　中村 円

たれソース700

2020年5月10日　第1刷発行
2021年6月10日　第3刷発行

著者　武蔵裕子
発行者　永岡純一
発行所　株式会社永岡書店
〒176-8518　東京都練馬区豊玉上1-7-14
電話 03-3992-5155（代表）　03-3992-7191（編集）
DTP　編集室クルー
印刷・製本　クループリンティング

ISBN978-4-522-43777-3 C2077